Al Qaeda y lo que significa ser moderno

PAIDÓS ESTADO Y SOCIEDAD

Últimos títulos publicados:

John Gray

Al Qaeda y lo que significa ser moderno

PAIDÓS
Barcelona • Buenos Aires • México

Título original: *Al Qaeda and what it means to be modern*
Originalmente publicado en inglés, en 2003, por Faber and Faber
Limited, Londres

Traducción de Tomás Fernández Aúz y Beatriz Eguibar

Cubierta de Mario Eskenazi

© 2003 John Gray
© 2004 de la traducción, Tomás Fernández Aúz y Beatriz Eguibar
© 2004 de todas las ediciones en castellano
    Ediciones Paidós Ibérica, S.A.,
    Mariano Cubí, 92 - 08021 Barcelona,
    http://www.paidos.com

ISBN: 84-493-1542-5
Depósito legal: B. 1.668/2004

Impreso en Gràfiques 92, S.A.
Avda. Can Sucarrats, 91 - 08191 Rubí (Barcelona)

Impreso en España - Printed in Spain

Dedico este libro a Mieko,
que lo hizo posible.

SUMARIO

AGRADECIMIENTOS

En este breve ensayo he desarrollado un punto de vista sobre Al Qaeda y lo que significa ser moderno que ya expresé en *Perros de paja: reflexiones sobre los humanos y otros animales*.* El presente libro difiere algo en su estilo porque he presentado el razonamiento de forma más ordenada. Sin embargo, espero que los lectores que sientan interés por cuestiones concretas puedan encontrar y leer lo que desean consultando los capítulos en que he dividido el libro.

Un gran número de personas me han ayudado en este libro. No podría haberse completado sin la guía que mi editor en la casa Faber, Neil Belton, me proporcionó en cada una de sus fases. Las conversaciones con Adam Phillips me ayudaron a formar un concepto sobre cómo debía ser escrito el libro. Varias personas hicieron valiosos comentarios sobre las versiones del borrador. Entre ellas, quisiera mencionar a Bryan Appleyard, J. G. Ballard, Nick Butler, Robert Cooper, David Cornwell, Fred C. Ikle, Michael Lind, Shaun Riordan, G. W. Smith y George Walden. No hace falta decir (pero lo digo de todos modos) que sólo yo soy responsable del libro resultante.

JOHN GRAY

* Barcelona, Paidós, 2003, págs. 142-143. (*N. del e.*)

1

LO QUE AL QAEDA DESTRUYÓ

> La palabra «humanidad» es de lo más repugnante: no expresa nada definido y sólo añade a la confusión de todos los demás conceptos una especie de abigarrado semidiós.
>
> ALEXANDER HERZEN[1]

Los guerrilleros suicidas que atacaron Washington y Nueva York el 11 de septiembre de 2001 hicieron algo más que matar a miles de civiles y demoler el World Trade Center. Destruyeron el mito dominante de Occidente.

Las sociedades occidentales se rigen por la creencia de que la modernidad es una condición única, algo que es en todas partes igual y siempre benigno. A medida que las sociedades se hacen más modernas, también se vuelven más semejantes. Y al mismo tiempo se hacen mejores. Ser moderno significa realizar *nuestros* valores: los valores de la Ilustración, tal como nos gusta concebirlos.

No hay estereotipo que resulte más pasmoso que el que describe a Al Qaeda como un retroceso a los tiempos medievales. Es un subproducto de la globalización. Al igual que los cárteles de la droga de dimensiones

1. Alexander Herzen, *My Past and Thoughts*, Berkeley, Los Ángeles y Londres, University of California Press, 1999, pág. 523 (trad. cast.: *Pasado y pensamientos*, Madrid, Tecnos, 1994).

mundiales y las corporaciones empresariales virtuales
que se desarrollaron en los noventa, evolucionó en una
época en la que la desregulación financiera había creado vastos fondos de riqueza en paraísos fiscales y el
crimen organizado había adquirido carácter global. Su
rasgo más característico —el de proyectar por todo el
mundo una forma privada de violencia organizada—
hubiera sido imposible en el pasado. De igual modo, la
creencia de que es posible precipitar el advenimiento
de un nuevo mundo mediante espectaculares actos de
destrucción no se encuentra por ninguna parte en tiempos medievales. Los más próximos precursores de Al
Qaeda son los anarquistas revolucionarios de la Europa
de finales del siglo xix.

Todo aquel que dude de que el terror revolucionario
sea una invención moderna se las ha arreglado para olvidar la historia reciente. La Unión Soviética fue un intento de encarnar el ideal ilustrado de un mundo sin poder
ni conflicto. En la procura de este ideal mató y esclavizó
a decenas de millones de seres humanos. La Alemania
nazi perpetró el peor acto de genocidio de la historia. Lo
hizo con la intención de alumbrar un nuevo tipo de ser
humano. Ninguna época anterior abrigó tales proyectos.
Las cámaras de gas y los gulags son *modernos*.

Existen muchos modos de ser moderno, algunos de
ellos monstruosos. Sin embargo, la creencia de que sólo
existe uno y de que siempre es bueno tiene profundas
raíces. Desde el siglo xviii en adelante ha venido cua-
jando la creencia de que el incremento del conocimiento científico y la emancipación de la humanidad iban de
la mano. Esta fe ilustrada —ya que pronto adquirió los
atavíos de una religión— quedó expresada de la manera más clara en un exótico, y a veces grotesco, aunque

amplia y prolongadamente influyente, movimiento intelectual de principios del siglo XIX que se llamó a sí mismo «positivismo».

Los positivistas creían que a medida que las sociedades fueran basándose cada vez más en la ciencia estarían abocadas a volverse más semejantes. El conocimiento científico engendraría una moralidad universal en la que el objetivo de la sociedad sería la máxima producción posible. Mediante la utilización de la tecnología, la humanidad ampliaría su poder sobre los recursos de la Tierra y vencería a las peores formas de escasez natural. La pobreza y la guerra podrían ser abolidas. Gracias al poder que le otorgaría la ciencia, la humanidad sería capaz de crear un mundo nuevo.

Siempre han existido desacuerdos respecto a la naturaleza de este mundo nuevo. Para Marx y Lenin, sería una anarquía igualitaria sin clases; para Fukuyama y los neoliberales, un mercado libre universal. Estas perspectivas de un futuro cimentado en la ciencia son muy diferentes, pero esto no ha debilitado en modo alguno el ascendiente de la fe que expresan.

A través de su profunda influencia sobre Marx, las ideas positivistas inspiraron el desastroso experimento soviético de una economía de planificación central. Cuando el sistema soviético se derrumbó, esas ideas resurgieron en el culto al libre mercado. Se llegó a la convicción de que únicamente el «capitalismo democrático» al estilo estadounidense es auténticamente moderno, y de que está destinado a difundirse por todas partes. De este modo, verá la luz una civilización universal y la historia llegará a su término.

Esto puede parecer un credo fantástico, y en efecto lo es. Lo que resulta más fantástico es que aún se crea ampliamente en él. Este credo da forma a los programas de los principales partidos políticos de todo el mundo. Guía las políticas de organismos como el Fondo Monetario Internacional. Anima la «guerra contra el terrorismo», una guerra en la que Al Qaeda es considerada como una reliquia del pasado.

Este punto de vista es simplemente erróneo. Al igual que el comunismo y el nazismo, el islam radical es moderno. Pese a que pretende ser antioccidental, recibe su forma tanto de la ideología occidental como de las tradiciones islámicas. Al igual que los marxistas y los neoliberales, los islamistas radicales consideran la historia como el preludio de un mundo nuevo. Todos están convencidos de que pueden reorganizar la condición humana. Si existe un único mito moderno, es éste.

En el mundo nuevo, tal como lo concibe Al Qaeda, el poder y el conflicto han desaparecido. Esto es un producto de la imaginación revolucionaria, no una receta para una sociedad moderna viable. Pero en esto, el mundo nuevo que imagina Al Qaeda no es diferente de las fantasías que proyectaban Marx y Bakunin, Lenin y Mao, ni de las de los apóstoles neoliberales que en fecha tan reciente anunciaron el fin de la historia. Al igual que estos modernos movimientos occidentales, Al Qaeda quedará varada en las imperecederas necesidades humanas.

El mito moderno afirma que la ciencia permite a la humanidad hacerse cargo de su destino. Sin embargo, la «humanidad» es en sí misma un mito, un vago residuo de fe religiosa. En realidad sólo hay seres humanos que utilizan el creciente conocimiento que les brinda la ciencia para procurar alcanzar sus fines en conflicto.

2

TRES PROYECTOS MODERNOS

> En 1914, Europa había alcanzado tal vez el
> límite del modernismo [...]. Toda inteligen-
> cia con algún alcance era una encrucijada en
> la que confluían todos los matices de opi-
> nión. Todo pensador era una exposición in-
> ternacional de pensamiento. Había obras del
> espíritu en que la riqueza de contrastes y las
> tendencias contradictorias eran como los in-
> sensatos alardes de luz que se veían en las ca-
> pitales de aquellos días [...]. ¡Cuánta riqueza
> material, cuánta mano de obra y cuánta pla-
> nificación ha sido necesaria, cuántos siglos
> han sido saqueados, cuántas vidas heterogé-
> neas mezcladas para hacer posible semejante
> carnaval y para instaurarlo como la suprema
> sabiduría y el triunfo de la humanidad!
>
> PAUL VALÉRY[1]

Hace cien años, Europa se consideraba a sí misma
como un modelo para el mundo. Respaldada por un
abrumador poderío económico y militar, su civilización
parecía superior a todas las demás. La mayoría de los
europeos no dudaba de que en el transcurso del siglo XX
los valores europeos serían aceptados en todas partes.

En cierto sentido, tenían razón. El comunismo soviético, el nacionalsocialismo y el fundamentalismo islá-

---

1. Paul Valéry, *Collected Works*, vol. 10, *History and Politics*,
Nueva York, Pantheon, Bollingen Series, 1962, pág. 28.

mico han sido descritos como ataques contra Occidente. En realidad, es mejor concebir cada uno de estos tres proyectos como el intento de realización de un ideal europeo moderno.

La catástrofe de la Primera Guerra Mundial sacudió la autoconfianza europea, pero también creó las condiciones para el más ambicioso intento de modernización que tuvo lugar en el siglo xx sobre la base de un modelo europeo. El experimento soviético se hizo posible por la existencia de una guerra civil europea. Y sin embargo, era inequívocamente un proyecto europeo.

La Guerra Fría aún se define a veces como un conflicto entre el Este y el Oeste. Pero esto supone olvidar el auténtico conflicto entre la ortodoxia oriental y la cristiandad occidental, que fue muy anterior a ella. Una de las razones de que Rusia no haya sido nunca un país no ambiguamente occidental es que, en materia religiosa, siempre se había definido por oposición a Occidente. Lejos de ser un enemigo de «Occidente», el comunismo soviético fue uno de los muchos intentos fracasados de occidentalizar Rusia.

Durante muchos años, los eruditos occidentales trataron de explicar el sistema soviético como una regresión a las tradiciones moscovitas de tiranía y barbarie. Lo cierto es casi lo contrario. La Rusia zarista tenía muchos defectos. Había muchos y espantosos pogromos, pero las matanzas generalizadas realizadas con el objetivo de perfeccionar la humanidad no se contaban entre los crímenes de los zares. En Rusia eso comenzó con Lenin, que acertadamente se situaba a sí mismo en la tradición de una violencia revolucionaria que se remontaba a los jacobinos.

No hay duda de que el sistema soviético hizo uso de las tradiciones rusas de gobierno despótico, pero no ha-

bía nacido en un monasterio ortodoxo. Fue un intento
—en modo alguno el primero o el último— de implantar un régimen occidental en suelo ruso. Rusia no se convirtió en un país occidental tras el derrumbamiento del
sistema soviético. Volvió a su histórica ambigüedad respecto de Occidente —una ambivalencia que se hizo
más profunda como consecuencia de los desastrosos resultados de otro intento de reconstruirla según un modelo occidental.

El comunismo soviético fue concebido en el corazón de la civilización occidental. No hubiera podido
originarse en ningún otro medio. El marxismo sólo es
una versión radical de la creencia ilustrada en el progreso —que a su vez es una mutación de las esperanzas
cristianas.[2]

En modo alguno puede decirse que todos los pensadores de la Ilustración acogieran con entusiasmo la
idea de progreso. Ni siquiera Voltaire —el supremo
philosophe— la suscribía sin fisuras.[3] Y, sin embargo,
Marx coincidía con la corriente principal del pensamiento ilustrado al afirmar que el incremento del cono-

2. Para una fecunda interpretación de la creencia de la Ilustración en el progreso, véase Carl L. Becker, *The Heavenly City of the
Eighteenth Century Philosophers*, New Haven y Londres, Yale University Press, 1932. He examinado el papel que desempeñaron las
creencias de la Ilustración en las modernas religiones políticas en
*Enlightenment's Wake: Politics and Culture at the Close of the Mo-
dern Age*, Londres y Nueva York, Routledge, 1995, capítulo 10, y
en *Endgames: Questions in Late Modern Political Thought*, Cambridge, Polity Press, 1997, capítulo 10.
3. Sobre las ambigüedades de Voltaire en relación con el progreso, véase mi *Voltaire and Enlightenment*, Londres y Nueva York,
Phoenix/Orion y Routledge, 1999.

cimiento permite a la humanidad configurar un futuro mejor que cualquier otra cosa que haya conocido en el pasado.

Como todo el mundo sabe, Marx subvirtió la filosofía de Hegel. Donde Hegel sostenía que la historia era una sucesión de conceptos que se despliegan, Marx argumentaba que eran los cambios en la base material de la sociedad los que regían el desarrollo de las ideas. Lo que se señala con menor frecuencia es que la perspectiva de la historia de Marx y Hegel sólo pudo haber surgido en la cultura judeocristiana.

Hegel y Marx seguían el judaísmo y el cristianismo al considerar la historia como un drama moral cuyo último acto es la salvación. En otras culturas este punto de vista es desconocido. Para los griegos y los romanos, así como para los indios y los chinos, la historia no tiene un significado global. Consiste en una serie de ciclos que no difieren de los que encontramos en el mundo natural.

El marxismo es una filosofía ilustrada que tiene su fundamento en una perspectiva judeocristiana de la historia. En otras palabras, es una doctrina característicamente occidental. Así es como fue recibida en Rusia, donde el bolchevismo se convirtió en un proyecto occidentalizador más. Desde Pedro el Grande, un sector de la opinión rusa había considerado que la única salvación para su país residía en que se convirtiera en un país plenamente europeo. La dictadura de Lenin no era sino una más de las series de intentos de modernizar Rusia de acuerdo con un modelo europeo.

Desde el principio, los bolcheviques se propusieron copiar lo que consideraban los rasgos más avanzados de la vida europea. Era imperativa una rápida industrialización. La vida campesina debía erradicarse y las labores agrícolas reorganizarse según el modelo de una fábrica. La producción en masa —organizada sobre las bases planteadas por los estudios del ingeniero estadounidense F. W. Taylor sobre el tiempo y el movimiento en el lugar de trabajo, estudios que Lenin admiraba enormemente— era el único camino para la prosperidad. Siguiendo a Marx, los bolcheviques creían que la emancipación humana exigía la industrialización. La industria era una de las expresiones del poder humano sobre la naturaleza. Al dedicar el mundo natural a usos industriales, la humanidad podía satisfacer sus necesidades. Y al mismo tiempo podía estampar sobre la Tierra un sello de significación humana.

Como fieles discípulos de Marx, los bolcheviques se propusieron humanizar la naturaleza. Empezaron por colectivizar la agricultura. El resultado fue que se destruyó la capacidad de Rusia para alimentarse a sí misma. Millones de campesinos murieron por inanición y en los campos de trabajos forzados. Vastas porciones de Rusia se convirtieron en terrenos baldíos. El terror y la miseria del período soviético dejaron huellas indelebles en el suelo ruso. La naturaleza había sido humanizada.

Las raíces del sistema soviético se afianzaban en los más utópicos sueños de la Ilustración. Lenin nunca abandonó la creencia de que, tras un período de terror revolucionario, el Estado sería abolido. Trotsky defendía la captura y el asesinato de rehenes como una fase necesaria en el camino hacia un mundo en el que todo ser humano poseería los dones de Miguel Ángel y Shakespeare. Se derramó una enorme cantidad de sangre en la persecución de estos enfermizos sueños.

El resultado del intento de realización de la utopía bolchevique fue un régimen totalitario.[4] Este régimen no fue una deformación de la visión original de Marx. A pesar de las innumerables afirmaciones en sentido contrario, éste fue el único resultado que pudo haber obtenido en la práctica. El concepto que tenía Marx del comunismo presupone que la principal fuente de conflicto humano es la división de la sociedad en clases. Una vez que se ha superado esta división, el poder del Estado es innecesario.

En realidad, las raíces del conflicto humano son más intrincadas. Las divisiones de clase son sólo una de las causas de conflicto, y rara vez la más importante. Las diferencias étnicas y religiosas, la escasez de recursos naturales y la colisión de valores contrarios constituyen constantes fuentes de división. Esos conflictos no pueden ser superados, sólo pueden moderarse. Los sistemas de equilibrios de las formas tradicionales de gobierno son modos de enfrentarse a este hecho.

El intento de abolir el Estado da como resultado un gobierno ilimitado. Lenin puso los cimientos del régimen de Stalin. A su vez, la dictadura de Lenin era inherente al ideal de comunismo de Marx. El totalitarismo surge allí donde se persigue de modo sistemático el objetivo de un mundo desprovisto de conflicto o de poder.

Si el totalitarismo soviético fue el resultado de la existencia de imperfecciones en el pensamiento de la Ilustración, lo mismo puede decirse de su derrumbamiento. No fue el fracaso económico lo que destruyó al Es-

4. Para una historia no superada del experimento soviético, véase Michel Heller y Aleksander Nekrich, *Utopia in Power*, Londres, Hutchison, 1985.

tado soviético. El elemento desencadenante provino de fuerzas que —según la perspectiva del mundo moderno aceptada por Marx, y más tarde por los neoliberales— no deberían haber existido.

Sin duda, el accidente histórico desempeñó su papel. La Guerra de las Galaxias de Ronald Reagan pudo haber sido más un ejercicio de desinformación que un programa realista de defensa nacional, pero convenció a un sector de la élite soviética de que el sistema tenía que cambiar para sobrevivir. Mijail Gorbachov apareció como respuesta a la percepción de que el régimen soviético se había quedado estancado y era corrupto. Sin embargo, el único resultado real de sus reformas consistió en revelar la completa falta de legitimidad del régimen. Caso único, el Estado soviético se desmembró sin ninguna violencia significativa por parte de los gobernantes o los gobernados.

Detrás de la debilidad del régimen soviético se encontraba la no disminuida fuerza del nacionalismo y la religión. Polonia se convirtió en el primer país postotalitario, en parte como consecuencia del poder de la Iglesia. Afganistán logró resistir la invasión soviética debido al poder del fundamentalismo islámico (en esa época respaldado por Occidente).

El experimento soviético fracasó, y con un coste humano colosal. A pesar de ello, se repitió en otros muchos países. Durante el período maoísta, el sistema soviético fue el modelo para el desarrollo económico en China. Si China se apartó del modelo soviético —tal como hizo, en algunos aspectos, durante la Revolución cultural— fue con el fin de alcanzar una forma de socialismo más auténtica. El resultado fue aún peor que en Rusia: una enorme pérdida de vidas humanas y de libertad, junto con una degradación medioambiental generalizada. Sólo tras rechazar la herencia marxista en la década de 1980 comenzó China a seguir su propio camino.

Tanto por su alcance como por su objetivo de alumbrar una humanidad nueva y socialista, el terrorismo soviético era incomparablemente moderno. Lo mismo puede decirse de los genocidios nazis.

El nazismo fue una mezcla de ideas malas e ideas insensatas. Los teosofistas y los ocultistas se mezclaron con los cristianos antisemitas y con los devotos de nuevos cultos estatales en la adoración de los dioses escandinavos. Los partidarios de una versión degenerada del nacionalismo romántico de Herder caminaron al lado de los propagandistas del «racismo científico». Es arriesgado intentar un análisis definitivo de semejante mezcolanza. Con todo, es evidente que la hostilidad de los nazis respecto del mundo moderno, o respecto de la Ilustración, estaba lejos de carecer de ambigüedad.

En la mente de Hitler nunca hubo la menor duda de que el nazismo era un proyecto moderno. Ardiente admirador de Henry Ford y de las técnicas estadounidenses de producción en masa, el dirigente nazi consideraba la tecnología como un medio para incrementar el poder humano. La ciencia permitía que la humanidad —o una parte de ella— se hiciera cargo de la evolución. La especie superior sería engendrada a partir de los mejores tipos humanos. Y en cuanto al resto, serían exterminados o esclavizados.

Si no hubo una comprensión generalizada de la amenaza que suponían los nazis se debió en parte al hecho de que fueran tan modernos. Los eduardianos que gobernaban Gran Bretaña en los años treinta provenían de un mundo de elegantes cabriolés y casas de campo decoradas con los óleos de Reynolds y Gainsborough. Ejercían el poder a través de instituciones parlamentarias y de una estructura social muy estratificada. Los nazis provenían de un mundo de tranvías e industria pesada. Se valieron de mítines multitudinarios para destruir las instituciones parlamentarias y de medios de comunicación de masas como instrumento para reorganizar la sociedad. Si tuvieron precursores artísticos, éstos se encontraban en los movimientos de vanguardia como el expresionismo y el futurismo.

Cuando era comprendido, el modernismo nazi se convertía con frecuencia en objeto de admiración. La visión del mundo de Hitler tenía algunos elementos en común con la que profesaban algunos sectores de la intelectualidad progresista europea. Los científicos de tendencia izquierdista, como J. D. Bernal y Julian Huxley, acariciaban la idea de que la ciencia pudiera utilizarse para crear una especie superior. G. B. Shaw y H. G. Wells tenían un marcado interés por la eugenesia positiva. Muchos socialistas (incluyendo a algunos de los primeros fabianos) estaban fascinados por las ideas de Nietzsche. El antisemitismo era un lugar común, y había escritores como Hilaire Belloc y Wyndham Lewis que escribieron extensamente acerca del «problema judío». Sólo de forma retrospectiva nos parecen anómalas las ideas nazis. En su época, suponían únicamente una versión extrema de lo que era una creencia común a muchas personas.

Se ha considerado con frecuencia que el nazismo constituía una agresión a los valores occidentales.[5] En

5. Para uno de los más interesantes análisis del nazismo como movimiento antioccidental, véase el libro de Aurel Kolnai, *The War Against the West*, Londres, Victor Gollancz, 1938.

realidad, tal como sucediera con el comunismo soviético, encarnaba una de las más potentes tradiciones occidentales. Los nazis despreciaban los ideales ilustrados de la tolerancia, la libertad personal y la igualdad humana. Pero a pesar de eso compartían las esperanzas más soberbiamente desmedidas de la Ilustración. Al igual que Marx, creían que el poder de la tecnología podría utilizarse para transformar la condición humana.

Los nazis se consideraban a sí mismos como revolucionarios en pie de igualdad con los jacobinos o los bolcheviques. En la novela que Arthur Koestler escribió durante la guerra, *Arrival and Departure*, un diplomático nazi con tendencia a filosofar —un tipo que era corriente en esa época— declara que el nazismo es más internacionalista que la Revolución francesa o que el comunismo soviético:

> ¿No te das cuenta de que lo que estamos haciendo es una auténtica revolución cuyos efectos son además más internacionalistas que la toma de la Bastilla o del Palacio de Invierno de Petrogrado? [...] Cierra los ojos. Imagina que Europa es, hasta los Urales, un espacio vacío en el mapa. Sólo existen campos de energía: energía hidráulica, minerales magnéticos, vetas de carbón bajo la tierra, pozos de petróleo [...]. Acaba con esos ridículos límites sinuosos, con esas murallas chinas que cortan por la mitad nuestros campos de energía; desecha o traslada las industrias que han sido despreocupadamente construidas en sitios equivocados; liquida a la población excedente en aquellas zonas en que no se la necesita; desplaza a la población de ciertos distritos, y si es necesario de naciones enteras, a espacios en los que sea requerida y aplícala al tipo de producción para el que esté mejor adaptada por su raza;

elimina cualquier línea de fuerza perturbadora que pudiera intercalarse en tu red, es decir, la influencia de las iglesias, de los capitales extranjeros, de cualquier sistema filosófico, religioso, ético o estético del pasado...

Los nazis repudiaban el pasado y abrazaban la tecnología moderna como instrumento de poder humano, incluyendo el poder de perpetrar un genocidio a una escala hasta entonces carente de precedentes:

> Nos hemos embarcado en algo grandioso y gigantesco que supera a la imaginación. Ahora ya no existen imposibles para el hombre. Por primera vez estamos incidiendo en la estructura biológica de la raza. Hemos empezado a producir una nueva especie de *Homo sapiens*. Estamos suprimiendo sus vetas de herencia negativa. Prácticamente hemos terminado la tarea de exterminar o esterilizar a los gitanos de Europa; la liquidación de los judíos quedará completada en uno o dos años [...]. Somos los primeros que hacemos uso de la jeringuilla hipodérmica, la lanceta y los aparatos esterilizadores para nuestra revolución.[6]

El éxito nazi le granjeó seguidores conservadores en muchos países europeos, entre los que destaca la propia Alemania, pero los nazis nunca se propusieron la restauración de un orden social tradicional. En palabras de Herman von Rauschning, un prusiano conservador y miembro del círculo íntimo de Hitler hasta que se vio obligado a huir de Alemania tras haber visto cómo se ponía precio a su cabeza: «El nacionalsocialismo es un

---

6. Arthur Koestler, *Arrival and Departure*, Londres, Jonathan Cape, 1943, págs. 142-144.

movimiento revolucionario incuestionablemente auténtico en el sentido de ser la consecución última y a mayor escala del "levantamiento popular" que soñaron los anarquistas y los comunistas».[7]

En muchos países europeos, particularmente en la Francia de Vichy, el nazismo encontró apoyo entre quienes veían en él un modo de anticipar la revolución social. Como muy pronto descubrirían, estaban en un error. Al igual que el comunismo, el nazismo se proponía revolucionar la sociedad y rehacer la humanidad.

Es un error pensar que quienes se oponen a los valores liberales son enemigos de la Ilustración. Abrazando la ciencia y la tecnología, tanto el comunismo soviético como el nazismo estuvieron animados por ambiciones que derivaban de la Ilustración. Y al mismo tiempo eran completamente antiliberales.

¿Podría repetirse algo parecido al nazismo? Hace apenas unos cuantos años, un consenso casi universal proclamaba que la globalización estaba provocando un movimiento hacia el centro político. De hecho, como era de prever, ha espoleado el extremismo.

En la Europa de comienzos del siglo xxi, los partidos de extrema derecha no son supervivientes de una era anterior. Son ciertamente atávicos por su racismo y su antisemitismo, pero están embarcados en un experimento inconfundiblemente modernista. La extrema derecha europea no es tanto una reedición del fascismo como un intento que persigue su modernización. Al igual que los nazis, está desarrollando una versión de la

7. Herman Rauschning, *The Revolution of Nihilism: Warning to the West*, Nueva York, Longman Green and Co., 1939, pág. 19.

modernidad que incluye algunas de las más oscuras tradiciones europeas.

Existen algunas diferencias entre la Europa del período de entreguerras y la de nuestros días. Entonces, los partidos de masas dominaban la vida política; hoy los partidos políticos se encuentran en declive. Si se moviliza un gran número de personas es en torno a grupos con un objetivo único, como Greenpeace o algunas redes amorfas, como la del movimiento anticapitalista. En el período de entreguerras, la democracia se encontraba debilitada en gran parte de Europa; hoy se halla muy arraigada. Antes había una grave crisis económica. Hoy —por el momento— Europa se las va arreglando.

Estas diferencias explican el cambio de estrategia de la extrema derecha. Los nazis derribaron la democracia. Hoy la extrema derecha la está explotando. Los nazis movilizaron a los desempleados y a los que se veían amenazados por el desempleo. La nueva extrema derecha se dirige a los trabajadores cuyos ingresos y posición en la sociedad se encuentran amenazados por el traslado de las industrias manufactureras y —cada vez más— las industrias de servicios a los países en vías de desarrollo. Ateniéndose al saber convencional de su época, los nazis favorecieron las políticas económicas corporativistas. Hoy, pese a obtener apoyo de grupos amenazados por la globalización, la extrema derecha saluda este proceso. Además del Frente Nacional de Le Pen, la nueva extrema derecha europea ha adoptado un programa económico neoliberal convencional.

No es accidental que, durante la pasada década, Europa haya sido testigo del resurgir de la extrema derecha. Tal como sucedía durante el período de entreguerras, la derecha radical comprende la fragilidad de las sociedades liberales mejor que muchos de sus defensores. La extrema derecha ha pasado de estar en los márgenes de la política a situarse en su centro por haber comprendido que la globalización tiene perdedores, incluso en los países más ricos, y por haber vinculado su suerte a la inmigración y a la lejanía de las instituciones europeas. Encontramos partidos de extrema derecha en los gobiernos nacionales de un cierto número de países europeos, como Austria e Italia. En otros, como Dinamarca y Holanda, determinan la agenda política.

Europa podría ser el prototipo de un Estado posmoderno, un Estado en el que los gobiernos nacionales coexisten con poderosas instituciones supranacionales.[8] Si tal es el caso, este desarrollo dista mucho de ser irreversible. Las instituciones europeas no pueden sustituir a las identidades históricas nacionales, pero pueden erosionarlas. Estas culturas nacionales debilitadas constituyen el caldo de cultivo ideal para la extrema derecha.

La Unión Europea representa por sí misma un modelo alternativo de desarrollo moderno, y tiene el potencial de rivalizar con los Estados Unidos. Sin embargo, el proyecto de convertir a la Unión en una economía única es un intento de imitar el mercado libre norteamericano, que tiene las dimensiones de su continente. Además de comprometer las virtudes características del capitalismo europeo, éste es un proyecto cuyo fracaso viene predeterminado por la historia europea. La movi-

8. Para un fascinante análisis del experimento consistente en aventurarse más allá del moderno Estado-nación, véase Robert Cooper, *The Post-Modern State and the World Order*, Londres, Demos, 2ª ed., 2000.

lidad de la mano de obra estadounidense encuentra su condición de posibilidad en una sólida cultura nacional. Con sus territorios poblados desde antiguo y sus caprichosas nacionalidades, Europa nunca podrá tener una movilidad de mano de obra comparable a la estadounidense. Y esa movilidad tampoco es claramente deseable. Con todo, es un requisito previo para que la moneda única no conduzca a desequilibrios económicos explosivos.

El Estado-nación no tiene nada de natural. Es una construcción característicamente moderna. En su momento, otras formas de organización política pueden sustituirlo. Pero en el momento presente el Estado-nación señala el límite superior de la democracia —sistema del que hoy depende la legitimidad de la acción de gobierno—. En efecto, el intento europeo de aventurarse más allá del Estado-nación es un intento de ir más allá de la democracia. Un movimiento de este tipo podrá ser inevitable, pero proporciona a la extrema derecha un peligroso atractivo.

En el mismo momento en que Europa está embarcada en el experimento de superar el Estado-nación, la construcción de Estados-nación sigue constituyendo la base del desarrollo en todo el mundo. En cierto sentido ésta es una situación desafortunada. Tal como argumentaré cuando examine el fracaso de los Estados en el capítulo 7, con frecuencia resulta imposible hacer una réplica del Estado-nación europeo. Incluso en los casos en que esto ha sido viable, ha resultado ser una empresa costosa.

El experimento de mayor éxito en cuanto a la modernización de un modelo europeo tuvo lugar en Turquía. El régimen de Ataturk ha durado más tiempo que la Unión Soviética. Atendiendo al apoyo social que ha recibido, posee una legitimidad incomparablemente mayor. Y sin embargo se está viéndo sometido a una presión creciente por parte de los movimientos islamistas. El futuro del modelo europeo en Turquía es una cuestión abierta. Fuera de Europa, algunos de los experimentos de modernización de mayor éxito se han producido en países que han injertado nuevas tecnologías en sus culturas indígenas. Dado que el intento de imitar los modelos europeos condujo en Rusia a un desastre, los países asiáticos han sido mucho más selectivos en la adopción de préstamos occidentales. A pesar de ello, no han sido capaces de evitar por completo la modernidad europea.

El caso paradigmático de modernización indígena es Japón.[9] Contraria a las teorías de la historia liberal y marxista, la industrialización de Japón no implicó la ruptura de un orden feudal social. Se desarrolló sobre la base de instituciones sociales heredadas de la era feudal. Hoy, Japón es una sociedad industrial madura plenamente comparable con Gran Bretaña o Alemania. No ha aceptado los valores occidentales, y no muestra signos de hacerlo. No obstante, se ha visto obligado a adoptar amplios préstamos procedentes de fuentes occidentales, algunos de ellos poco afortunados.

Tras la llegada del comodoro Perry en 1853, Japón quedó sin más alternativa que la de convertirse en un Estado-nación europeo si no quería transformarse en

9. Abordo la cuestión de la modernización japonesa en *False Dawn: Delusions of Global Capitalism* (1988), Londres y Nueva York, Granta Books, 2002, págs. 168-173 (trad. cast.: *Falso amanecer: los engaños del capitalismo global*, Barcelona, Paidós, 2000, págs. 215-224).

una colonia occidental como China o India. La modernización implicó la conversión de una religión popular —el sintoísmo— en un culto estatal, de modo no muy distinto a lo sucedido en la cristiandad protestante durante la Europa posterior a la Reforma. Japón se convirtió en el primer país asiático en derrotar a una potencia europea en la batalla de Tsushima, en 1905, fecha en la que la armada japonesa destruyó la flota imperial rusa. Sin embargo, fue una victoria que condujo a un período de nacionalismo militarista. Con el fin de resistir a las potencias europeas, Japón se vio obligado a imitarlas.

Pese a que China e India han seguido a Japón en la búsqueda de una modernización fundada en sus tradiciones indígenas más que en modelos occidentales, también ellas habrán de descubrirse imitando algunas prácticas occidentales. No todos esos préstamos serán deseables.

Los comentaristas occidentales citan el caso de India por sus éxitos en el desarrollo de nuevas industrias, como las relacionadas con la producción de soportes lógicos informáticos. El éxito es bastante real, pero se ha producido omitiendo las ideas occidentales. Excepto en una o dos regiones, India nunca ha abrazado el marxismo. Y se ha resistido rotundamente al más reciente culto neoliberal. Como resultado de su relativa inmunidad a las ideologías occidentales, India ha evitado las catástrofes que le acontecieron a China durante el período maoísta y a Rusia en los neoliberales años noventa. Sin embargo, se ha visto obligada a adoptar algunos de los aspectos de la modernidad europea.

El movimiento destinado a reformar el hinduismo, un movimiento desarrollado a finales del siglo XIX y principios del XX, fue una imitación de los ejemplos británicos.

El movimiento juvenil hindú se organizó sobre la base de los Boy Scouts. El propio hinduismo quedó redefinido, con el fin de que un cuerpo de creencias y prácticas de insondable complejidad pudiese convertirse —como había sucedido con el sintoísmo— en algo más parecido a una religión occidental. En el esfuerzo de ofrecer resistencia a las influencias occidentales, se importaron a la India las ideas y los tipos de organización occidentales.

China se enfrenta a dilemas similares. El gobierno chino ha desdeñado sistemáticamente el consejo económico occidental. En esto ha actuado de forma muy sensata, como muestra el hecho de que Occidente aplauda ahora su prudencia. Para atraer esta admiración occidental, no obstante, China ha de ser lo suficientemente fuerte como para resistir el poder de Occidente.

Los gobernantes chinos están decididos a convertir el país en un Estado moderno fuerte. Pero al hacerlo, están siguiendo la senda europea. Como hoy sabemos, la nación francesa es un artefacto del sistema de reclutamiento militar y del sistema escolar. Valiéndose de esas instituciones, el Estado napoleónico creó una cultura nacional que no había existido antes, eliminando a su paso una amplia diversidad de lenguas y tradiciones. Hoy, el Estado chino está haciendo lo mismo en el Tíbet. Al utilizar el poder del Estado para forjar una cultura nacional, China está siguiendo un precedente europeo.

Los países que persiguen modernizarse tomando como base sus propias tradiciones culturales más que los modelos occidentales son juiciosos. Al resistirse al poder occidental, no obstante, no pueden evitar convertirse en entidades que en ciertos aspectos resultan similares a los prototipos europeos del Estado moderno.

Ningún país puede rehuir los imperativos del mundo moderno que Europa ha creado.

Un tercer movimiento moderno pretende rechazar el mundo moderno. El islamismo radical se considera a sí mismo como un enemigo de los valores modernos. Muchos de sus oponentes han aceptado este punto de vista. Tal como ha escrito un comentarista, destilando un conglomerado de confusión en una única fórmula: «El 11 de septiembre fue un ataque a la modernidad realizado por fascistas islámicos».[10] En realidad, el islam radical es similar al fascismo principalmente por el hecho de ser inequívocamente moderno.

Los movimientos que presentan algunas afinidades con el islam radical empezaron a aparecer en Europa en la época de la quiebra del orden medieval. Los cristianos de la Reforma como Jan Huss, en la Bohemia de principios del siglo xv, rechazaban la autoridad de la Iglesia con el fin de recuperar la pureza del mensaje bíblico. En torno a la misma época, Thomas Muntzer, en Alemania, predicaba un tipo de cristianismo milenarista que pronto empezó a asociarse con las visiones de una nueva sociedad. Durante varios siglos, a pesar de la existencia de períodos de persecución, se mantuvo activa una red de adeptos —la Hermandad del Libre Espíritu— en muchos lugares de Europa. Este movimiento milenarista no sólo rechazaba la autoridad de la Iglesia, sino también la de la moral.[11]

10. Martin Woolf, *Financial Times*, 4 de septiembre de 2002. Un punto de vista similar sobre Al Qaeda aparece en Thomas L. Friedman, *Longitudes and Attitudes: Exploring the World After September 11*, Nueva York, Farrar, Straus and Giroux, 2002.

11. Para un magnífico estudio de los últimos movimientos milenaristas medievales y los primeros modernos, véase Norman

Las sociedades medievales padecieron muchos conflictos violentos, pero estaban fundadas en la creencia en la autoridad. Los primeros movimientos milenaristas rechazaban la autoridad establecida. En esto son precursores del islam radical. Pero no imaginaban que fuera posible alumbrar un mundo totalmente nuevo mediante actos de terror. Podemos encontrar a los verdaderos precursores del islam radical en los movimientos revolucionarios que, a finales del siglo xix europeo, confiaron en la propaganda por medio de los hechos.

El terrorismo revolucionario comenzó en los últimos años de la Rusia zarista, en un contexto de rápido cambio. Las ciudades se estaban expandiendo; el analfabetismo disminuía; la población crecía aceleradamente; estaba surgiendo una nueva clase de intelectuales sin empleo. Rusia mostraba todos los signos de las sociedades que se modernizan rápidamente. Los trastornados estudiantes que se entregaban al terror por considerarlo un arma política no se retrotraían a un pasado místico —como habían hecho los cultos milenaristas en Bohemia y Alemania varios siglos antes—. Como hombres y mujeres modernos, miraban por el contrario hacia un futuro mítico.

Su punto de vista era extremadamente confuso. Estaban más interesados en el propio acto de destrucción que en sus supuestos beneficios. El padre del anarquismo ruso, Mijail Bakunin, resumió esta actitud en un célebre dicho: «La pasión por la destrucción es también una pasión creadora». Para aquellos que actuaban mo-

---

Cohn, *The Pursuit of the Millennium*, Oxford y Nueva York, Oxford University Press, ed. rev., 1970 (trad. cast.: *En pos del milenio: revolucionarios milenaristas y anarquistas místicos en la Edad Media*, Madrid, Alianza, 1997).

vidos por esta consigna, el terrorismo era un triunfo de
la voluntad.

Existen diferencias entre Al Qaeda y el anarquismo
revolucionario europeo. Los anarquistas de finales del siglo XIX tomaban como diana a los funcionarios públicos,
no a la población civil. Utilizaban el terror en pequeñas
cantidades. Por el contrario, Al Qaeda se propone producir un ingente número de víctimas civiles. Pese a ello,
tiene más en común con estos modernos revolucionarios
europeos que con cualquier elemento propio de la Edad
Media. Si Osama bin Laden tiene algún precursor, es el
terrorista ruso del siglo XIX Sergei Nechaev, quien, al
preguntársele qué miembros de la casa de los Romanov
debían ser eliminados, respondió: «Todos ellos».

En su novela *El agente secreto* Joseph Conrad proporciona una vívida imagen de este tipo de nihilismo
revolucionario. Conrad hace observar al primer secre-
tario de la embajada rusa en Londres que si el terrorismo ha de resultar eficaz debe consistir en un ataque a
las más apreciadas creencias de la sociedad: «El fetiche
sacrosanto del momento es la ciencia». En consecuencia, el diplomático ruso da a su *agent provocateur* instrucciones para que vuele el Observatorio Real de Green-
wich. Atacar un edificio consagrado a la ciencia de la
astronomía sería «un acto de salvajismo destructivo, tan
absurdo que resulta incomprensible, inexplicable, casi
inimaginable». Por esta misma razón, sería altamente
eficaz: «La locura sin más es auténticamente espantosa,
ya que no es posible aplacarla con amenazas, persua-
sión o sobornos».[12]

12. Joseph Conrad, *The Secret Agent: A Simple Tale*, 1907
(trad. cast.: *El agente secreto*, Madrid, Alianza, 1994, págs. 56 y 58).

En la época de Conrad, la ciencia sacrosanta era la física. Hoy es la economía. Al Qaeda destruyó un edificio consagrado al comercio, no uno dedicado al estudio de las estrellas. La estrategia es la misma: reorganizar el mundo mediante actos de terror espectaculares.

Nadie ha contribuido más a sentar los fundamentos intelectuales del islam radical que el pensador egipcio Sayyid Qutb. Nacido en 1906 en una pequeña aldea, se trasladó a El Cairo para vivir con un tío, y allí obtuvo su primer trabajo como inspector en el Ministerio de Educación. Su verdadera vocación era la de escritor. Los varios volúmenes de comentarios coránicos que escribió en la cárcel gozan aún de amplia aceptación entre los militantes islámicos. Influido por Abdul Ala Maududi (1903-1979), el ideólogo pakistaní que utilizó por primera vez el concepto de *yihad* o guerra santa en un contexto explícitamente político, Qutb se convirtió en el principal pensador de los Hermanos Musulmanes. Fue ejecutado por Nasser en 1966.

El tema central de los escritos de Qutb es el vacío espiritual de las modernas sociedades occidentales. Al igual que muchos estadounidenses, Qutb consideraba a los Estados Unidos como el paradigma de la sociedad moderna. Vivió en los Estados Unidos durante varios años. No señaló que se trata de una de las sociedades más religiosas del mundo.

Empezando por Tocqueville, muchos visitantes perspicaces han señalado la intensa religiosidad de los Estados Unidos. Según la teoría social científica estándar sobre las sociedades avanzadas que están basadas en el conocimiento, los Estados Unidos deberían estar siguiendo los pasos de Europa en el gradual incremento de su carácter laico. Sin embargo, no existe la menor prueba de que esté dándose tal tendencia. Muy al contrario, la peculiar religiosidad de los Estados Unidos está volviéndose, de forma notable, cada vez más pronunciada. Este país alberga, con mucho, el movimiento fundamentalista más poderoso de cualquier país avanzado. En ningún país que pueda comparársele en cualquier otro parámetro invocan con tanta regularidad los políticos el nombre de Jesús. En ningún otro lugar existen movimientos para expulsar al darwinismo de la enseñanza pública. En realidad, el régimen de los Estados Unidos es menos laico que el de Turquía.

Considerar que los Estados Unidos constituyen una sociedad atea resulta extremadamente curioso, pero es algo que forma parte inseparable de la unilateral cosmovisión de Qutb. No se le ocurrió que si los Estados Unidos son modernos, también lo es el fundamentalismo. Es muy probable que este pensamiento ni siquiera se le haya pasado por la cabeza. De lo contrario, habría comprendido que también él era moderno.

En cualquier caso, lo que más contribuyó a soliviantar el odio de Qutb fue la libertad de la vida estadounidense. Al unirse al club social de una iglesia, quedó horrorizado por la abierta sexualidad que allí se exhibía, ya que «los brazos rodeaban a los brazos, los labios se unían a los labios y los pechos a los pechos» mientras los miembros del club bailaban la melodía titulada *Baby, It's Cold Outside* bajo la benévola mirada del pastor. Qutb condenó la atención que prestaban los estadounidenses a los céspedes de sus jardines, considerándola una falta de espíritu de comunidad. Criticó el jazz por creerlo «un tipo de música inventada por los negros para complacer sus tendencias primitivas y su apetito por el ruido».[13]

Los escritos de Qutb están saturados de horror a Occidente, pero Qutb es un autor que toma en préstamo de fuentes occidentales muchas de sus ideas. Era especialmente deudor del anarquismo europeo. La idea de una vanguardia revolucionaria dedicada a alumbrar un mundo sin gobernantes ni gobernados carece de precedentes en el pensamiento islámico. Es un claro préstamo de la ideología radical europea. Tal como ha escrito Malise Ruthven: «El mensaje de anarquismo revolucionario implícito en la afirmación de que "todo sistema que permita que unas personas gobiernen a otras ha de ser abolido" debe más a las ideas radicales europeas que se remontan a los jacobinos que a las ideas clásicas o tradicionales sobre la gobernanza islámica. De manera similar, la vanguardia revolucionaria por la que aboga Qutb carece de ascendencia islámica [...]. El de "vanguardia" es un concepto importado de Europa, a través de una línea genealógica que también se re-

13. Estos detalles han sido tomados del magnífico estudio de Malise Ruthven *A Fury for God: The Islamist Attack on America*, Londres y Nueva York, Granta, 2002. Las citas pueden encontrarse en las páginas 80 y 81. Para una valiosa guía del impacto del islam radical en Asia, véase Ahmed Rashid, *Taliban: Militant Islam, Oil and Fundamentalism in Central Asia*, Nueva Jersey, Yale University Press, 2002 (trad. cast.: *Los talibán: el islam, el petróleo y el «nuevo juego» en Asia central*, Barcelona, Península, 2002), y *Jihad: The Rise of Militant Islam in Central Asia*, Nueva Jersey, Yale University Press, 2002 (trad. cast.: *Yihad: el auge del islamismo en Asia central*, Barcelona, Península, 2002). Véase también Fred Halliday, *Two Hours That Shook The World: September 11th, 2001, Causes and Consequences*, Londres, Saqui Books, 2002.

monta a los jacobinos, pasando por los bolcheviques y las recientes guerrillas marxistas como la banda Baader-Meinhof».[14]

Las ideas de Qutb sobre la lucha revolucionaria procedían de una reciente cosecha europea. Lo mismo sucedía con su enfoque del Corán, al que consideraba, de forma ultramoderna, no como una fuente de verdad literal, sino como una obra de arte. Para Qutb, la fe es una expresión de la subjetividad, un compromiso personal realizado mediante un acto de voluntad. En palabras de Binder: Qutb «parece haber adoptado la estética poskantiana del individualismo liberal, una estética legada por el romanticismo europeo a la élite cultural del mundo colonial».[15]

Las raíces intelectuales del islam radical se encuentran en el movimiento europeo contrario a la Ilustración.[16] En esta corriente de pensamiento, que comenzó a tomar forma a finales del siglo XVIII y principios del XIX, el escepticismo racional de pensadores ilustrados como David Hume condujo al rechazo de la propia razón. J. G. Hamman rechazó la indagación racional y prefirió la revelación religiosa. Kierkegaard defendía la fe religiosa en términos de experiencia subjetiva. J. G. Herder

14. Malise Ruthven, *A Fury for God: The Islamist Attack on America*, pág. 91.

15. Leonard Binder, *Islamic Liberalism: A Critique of Development Ideologies*, Chicago, 1988, pág. 193. Binder aparece citado por Ruthven, *op. cit.*, pág. 82.

16. Para un examen de los orígenes y la evolución del movimiento europeo contrario a la Ilustración, véase «The Counter-Enlightenment», en Isaiah Berlin, *Against the Current*, Oxford, Clarendon Press, 1991 (trad. cast.: *Contra la corriente: ensayos sobre historia de las ideas*, Madrid, Fondo de Cultura Económica, 1992).

rechazó el ideal ilustrado de una civilización universal, creyendo que existen muchas culturas, cada una de las cuales es, en ciertos aspectos, única. Ya avanzado el siglo XIX, pensadores como Fichte y Nietzsche glorificaron la voluntad, poniéndola por encima de la razón.

Es el hecho de que el islam radical rechace la razón lo que muestra que se trata de un movimiento moderno. Puede que el mundo medieval fuera unificado por la fe, pero no ridiculizó la razón. Su visión del mundo emanaba de una fusión entre el racionalismo griego y el teísmo judeocristiano. En el esquema medieval de las cosas, se creía que la naturaleza era racional.

La creencia romántica de que el mundo puede ser reorganizado mediante un acto de voluntad es tan inherente al mundo moderno como el ideal ilustrado de una civilización universal basada en la razón. El uno surgió como reacción contra el otro. Ambos son mitos.

En el siglo XIX, el romanticismo era una protesta alemana contra la pretensión que manifestaban los franceses de encarnar la civilización universal. A principios del siglo XXI, las ideas románticas han regresado como parte de la resistencia al universalismo estadounidense. Al Qaeda se ve a sí misma como una alternativa al mundo moderno, pero las ideas de las que se nutre son la quintaesencia de la modernidad. Tal como Karl Kraus dijo del psicoanálisis: el islam radical es un síntoma de la enfermedad de la que pretende ser la cura.

3

LOS PRIMEROS MODERNIZADORES

> La distribución de las fuerzas de la tradición,
> profundamente arraigada a lo largo de miles
> de años de historia, no puede aprehenderse
> de ningún modo cuantificable.
>
> Leszek Kolakowski[1]

La historia de las ideas obedece a una ley de la ironía. Las ideas tienen consecuencias; pero rara vez son las que sus autores esperan o desean, y nunca éstas únicamente. De forma muy frecuente, son las contrarias.

Los positivistas son los primeros profetas de la modernidad. A través de su influencia sobre Marx, se encuentran detrás de los regímenes comunistas del siglo xx. Al mismo tiempo, por su impacto en el desarrollo de la economía, inspiraron a los utópicos ingenieros sociales que edificaron el mercado libre global al calor de las repercusiones del derrumbamiento de la planificación central comunista.

El catecismo positivista tenía tres mandamientos principales. El primero, que la historia se rige por el poder de la ciencia: el conocimiento creciente y la nueva tecnología son los determinantes últimos del cambio en la sociedad humana. El segundo, que la ciencia permitirá superar la escasez de origen natural; una vez que

---

1. L. Kolakowski, *Modernity on Endless Trial*, Chicago y Londres, University of Chicago Press, 1990, pág. 67.

esto se logre, los inmemoriales males de la pobreza y la guerra serán desterrados para siempre. Y el tercero, que el progreso en la ciencia y el progreso en la ética y la política caminan juntos: a medida que el conocimiento científico avance y se convierta en algo organizado de forma más sistemática, los valores humanos convergerán cada vez más.

Este credo positivista animó el ideal del comunismo de Marx. Informó las «teorías de la modernización» que se desarrollaron tras la Segunda Guerra Mundial. Y hoy guía a los artífices del mercado libre global.

El fundador del positivismo fue el conde Henri de Saint-Simon (1760-1825).[2] Saint-Simon solía dar a su ayuda de cámara instrucciones de que le despertase cada mañana con las palabras «Recuerde, señor conde, que tiene usted grandes cosas que hacer». Tal vez por esta razón, su vida estuvo llena de acontecimientos. A la edad de 17 años fue nombrado oficial del ejército y sirvió con las tropas francesas en la Guerra de la Independencia de los Estados Unidos. Más avanzada su carrera militar, fue hecho prisionero e internado en Jamaica, tras lo cual concibió el primero de un gran número de grandiosos proyectos —un plan para construir un canal que uniese el Atlántico con el Pacífico a través del lago Nicaragua, plan que remitió sin éxito al virrey de México—. Amasó una fortuna durante la Revolución francesa comprando las casas que dejaban vacan-

2. Para un completo estudio de Saint-Simon, véase Frank Manuel, *The New World of Henri Saint-Simon*, Cambridge, Mass., Harvard University Press, 1956. Manuel presenta un fascinante estudio sobre los más destacados sabios positivistas y su entorno en su obra posterior, *The Prophets of Paris*, Cambridge, Mass., Harvard University Press, 1962.

tes los nobles que habían emigrado o que habían sido guillotinados. Al parecer también trabajó durante algún tiempo como agente del Ministerio británico de Asuntos Exteriores.

En años posteriores, Saint-Simon conoció tiempos difíciles. Acusado falsamente de haber actuado como inductor de un asesinato, pasó algunos años en un hospital privado para dementes. El recordatorio diario de su grandeza que le traía su sirviente no permitió a Saint-Simon alcanzar el éxito al que aspiraba. En sus últimos años, sólo la ayuda que recibía de su devoto criado le evitó morir de hambre.

Saint-Simon era un aventurero. Fue también el primer socialista moderno. Analizó la sociedad, dividiéndola en distintas clases, cada una de ellas vinculada de modo diferente a los medios de producción, y criticó el capitalismo de mercado, calificándolo de anárquico, despilfarrador y de tendencia crónica a la inestabilidad. La crítica del capitalismo de Saint-Simon tuvo una enorme influencia. Pero más influyente aún fue su visión del futuro de la humanidad, una visión que al finalizar el siglo xx ha resurgido en el utópico proyecto de un mercado libre universal.

Según Saint-Simon, las sociedades que hoy existen son caóticas y se encuentran divididas. Sin embargo, esto se debe a que no han absorbido los hallazgos de la ciencia. El progreso social es un subproducto del progreso científico. A medida que el conocimiento avance, la humanidad también avanzará.

Toda sociedad ha de atravesar una serie de etapas definidas. Todas ellas han de evolucionar desde una cosmovisión religiosa a una perspectiva metafísica, para de ahí pasar a la etapa positiva —o científica—. En cada una de estas tres etapas, el conocimiento humano adquiere mayor definición y —en lo que constituye un punto de vital importancia para los positivistas— logra una organización más sistemática. Al final, cuando todas las sociedades hayan atravesado estas etapas, la ética se convertirá en una ciencia, no menos objetiva en sus resultados que la física o la química. Llegados a este punto, los conflictos morales y políticos del pasado desaparecerán.

Donde no hay conflicto no hay necesidad de poder. Para decirlo con la frase que Marx tomó de Saint-Simon, el gobierno de los hombres será sustituido por la administración de las cosas. Marx apenas conocía la obra de Comte, a quien sólo leyó a finales de la década de 1860 para luego desestimarlo. Sin embargo, la influencia que tuvo Saint-Simon sobre él fue profunda. Según creía Saint-Simon, con el incremento del conocimiento y la continua expansión de la producción el Estado se debilitaría. Marx coincidía con Saint-Simon en esta convicción, que se convirtió en el meollo de su concepción del comunismo.

Los positivistas no se proponían simplemente revolucionar la sociedad. Su meta era fundar una nueva religión. Saint-Simon creía que la «doctrina positiva» se convertiría en la base de una nueva «Iglesia» en la que todos los científicos se unirían para constituir un «clero» permanente.[3] Pensaba llamar a la asamblea de «los 21 elegidos de la humanidad» el Consejo de Newton. La idea de la gravitación universal de Newton constituía «la base del nuevo sistema científico». También de-

3. Mary Pickering, *Auguste Comte: An Intellectual Biography*, vol. 1, Cambridge, Cambridge University Press, 1993, pág. 79.

bería constituir la base del «nuevo sistema religioso».[4]
En la nueva religión de Saint-Simon, sin embargo, no
era la gravedad lo que reemplazaba a la deidad. Ese lugar era ocupado por la humanidad. La última obra de
Saint-Simon fue *El nuevo cristianismo* (1825), una nueva versión del cristianismo en la que la especie humana
se convertía en el Ser Supremo.

La transformación práctica del positivismo en una religión comenzó no mucho después de la muerte de Saint-
Simon, cuando —en palabras de un historiador de este
movimiento— «los sansimonianos se transformaron en
un culto religioso».[5] Muy pronto, el culto positivista se
rodeó de toda la parafernalia de la Iglesia: himnos, alta-
res y sacerdotes con sus vestiduras, además de un calen-
dario propio cuyos meses recibían los nombres de Arquí-
medes, Gutenberg, Descartes y otros santos racionalistas.

Auguste Comte (1798-1857), el más influyente de
los eruditos positivistas, completó la transformación del
positivismo en una religión. Hijo de un funcionario
del gobierno local, Comte comenzó su carrera con su
ingreso en la Escuela Politécnica de París en 1814 gracias a la realización de un brillante examen en la prueba de acceso nacional. De los jóvenes *polytechniciens* de
esta época se decía que creían que «se podía crear una
religión tal como se aprendía en la Escuela Politécnica
a construir un puente».[6] El modo en que Comte abor-

---

4. *Henri Saint-Simon: Selected Writings on Science, Industry
and Social Organisation*, edición, traducción, introducción y notas
de Keith Taylor, Londres, Croom Helm, 1975, págs. 78, 101.

5. Manuel, *op. cit.*, pág. 256.

6. La cita procede del biógrafo francés de Comte, Henri Gou-
hier, *La Jeunesse d'Auguste Comte*, París, Vrin, 1933-1941, vol. 1,

daba la concepción de una nueva religión era decidida-
mente más emocional que racional, pero, al igual que
sus camaradas de la Escuela Politécnica, tenía una fe
casi ilimitada en el poder de la ingeniería social.

Comte empezó ridiculizando el culto que se había organizado en torno a Saint-Simon. Comte, que había sido
el protegido de Saint-Simon, rompía con él ásperamente;
en lo sucesivo no había de reconocer ninguna deuda intelectual con el anciano. Y sin embargo adoptó la idea
de Saint-Simon de que el positivismo debía convertirse
en una religión, y la propugnó con una pasión que ron-
daba la locura.

El desarrollo del sistema de ideas de Comte no puede entenderse al margen del contexto de su vida privada. Al igual que su relación con Saint-Simon, el primer
matrimonio de Comte, celebrado en 1822, terminó in-
tempestivamente. Su mujer le había cuidado durante la
primera de sus muchas crisis mentales, atendiéndole en
casa después de que un psiquiatra le declarara irreme-
diablemente trastornado, y sometiéndose a una extraña
ceremonia matrimonial cristiana (solicitada por la madre de Comte, que se oponía a su unión civil) en la que
Comte —que entonces sufría de paranoia— firmó
como Brutus Napoleón Comte.

En una extraña reedición de la trayectoria de Saint-
Simon, la inestabilidad mental de Comte brotó de forma recurrente a lo largo de su vida. Se puso de manifiesto en su relación con la señora Clothilde de Vaux,
una talentosa y atractiva mujer abandonada por su marido. El romance de Comte con Clothilde nunca se con-

---

pág. 146, y aparece en Kenneth Thompson, *Auguste Comte: The
Foundation of Sociology*, Londres, Nelson, 1976, pág. 9.

sumó. Ella murió trágicamente tras una larga lucha con su enfermedad (probablemente tuberculosis). Comte se vio una vez más conducido al borde de la locura.

Manuel resume bien el motivo de toda la obra posterior de Comte y la inspiración de su nueva religión: «Tras la muerte de Clothilde, Comte consagró toda su vida a la adoración religiosa de su imagen».[7] En un cierto número de obras escritas tras la muerte de Clothilde, Comte escandalizaba a sus discípulos racionalistas al declarar su amor a la conmovedora fuerza de la humanidad. Y aún quedaron más consternados cuando llegó a designar a Clothilde como Madre Virgen de la Iglesia de la Humanidad, ordenando que su tumba se convirtiese en un lugar de peregrinación.

Había método en la locura de Comte. Adoptó como modelo la Iglesia católica e ideó un minucioso sistema de preceptos diarios para los seguidores de la nueva religión. En su *Ensayo de un sistema de política positiva* (1852-1854), establecía que el positivista piadoso debía rezar tres veces al día durante un total de dos horas, dedicando cada una de las oraciones a sus diosas domésticas: su madre, su mujer y su hija. Debía persignarse golpeándose ligeramente tres veces con el dedo en la cabeza en los puntos en que —de acuerdo con la ciencia de la frenología— se situaban los impulsos de la benevolencia, el orden y el progreso. Había nueve sacramentos positivistas, que empezaban con la Presentación —un equivalente del bautismo en el cual el niño recibía dos santos patronos— y culminaban con el sacramento de la Incorporación. Al morir, los restos del buen positivista debían ser depositados en el bosque sagrado que

---

7. Manuel, *op. cit.*, pág. 265.

rodeaba a todos los templos positivistas. En ese instante, su memoria quedaría incorporada al Ser Supremo.
Estos preceptos debían ser regulados por el Gran Pon-
tífice de la Humanidad, que tenía que residir en París.
En su testamento, Comte designó trece albaceas, los cuales debían preservar sus aposentos como sede permanente de la Religión de la Humanidad.

Comte especificó los deberes y la organización del
clero positivista como sigue:

> Durante los siete años que transcurren antes de que
> se convierta en un sacerdote de pleno derecho, cada
> vicario ha de enseñar todas y cada una de las siete cien-
> cias enciclopédicas, y ejercitar sus poderes de predica-
> ción. Después de esto se convierte en un verdadero sa-
> cerdote [...]. Todo presbiterio filosófico tiene siete
> sacerdotes y tres vicarios. Sus residencias pueden ser
> cambiadas por el sumo sacerdote [...]. El número de
> estos colegios sacerdotales será de 2.000 para todo el
> mundo occidental. Esto arroja un saldo de un funcio-
> nario por cada 6.000 habitantes, o por cada 100.000 si
> hablamos de toda la Tierra.

Con involuntario humor, Comte escribe: «La tasa
puede parecer muy baja; pero es realmente adecuada
para todos los servicios requeridos».[8]

Los positivistas abordaban la construcción de la
nueva religión con una obsesiva preocupación por el
detalle. Se inventaron nuevas formas de vestir. Se dise-

---

8. Auguste Comte, *The Catechism of Positive Religion*, traducción de Richard Congreve, Londres, John Chapman, 1858, págs.
303-304 (trad. cast.: *Catecismo del positivismo*, Madrid, Editora
Nacional, 1982).

ñaron chalecos abotonados por la espalda, de modo que sólo pudiesen colocarse y quitarse con ayuda de otras personas. El objetivo era promover el altruismo y la co-operación. Lamentablemente, el resultado fue que pro-vocaron redadas policiales, ya se sospechaba que —to-mando al pie de la letra los comentarios de Saint-Simon sobre «la rehabilitación de la carne»— sus discípulos participaban en orgías.

La religión positivista, «un catolicismo al que se le ha restado el cristianismo», como la definía T. H. Hux-ley, era eminentemente ridícula. También era extrema-damente influyente. Los templos de la Humanidad cre-cieron con rapidez, no sólo en París, sino también en Londres, donde se fundó una capilla en Lamb's Con-duit, y en Liverpool. La Iglesia positivista tuvo un éxito notable en Latinoamérica. En Brasil, donde la consigna de Comte —«Orden y progreso»— forma parte de la bandera nacional, existen aún hoy templos positivistas en activo. En Francia, las ideas de Comte sobre un go-bierno dirigido por una élite tecnocrática han tenido una influencia duradera en la Escuela Politécnica. A través de su profundo impacto en John Stuart Mill, con el que mantuvo una larga correspondencia, Comte con-tribuyó a que se identificase el liberalismo con el huma-nismo laico —o, tal como lo denominaban Mill y Com-te, con una Religión de la Humanidad.[9]

Con todos sus absurdos, la Religión de la Humani-dad constituye el prototipo de las religiones laicas del siglo xx. El marxismo y el neoliberalismo encarnan su

9. Para la valoración que hacía John Stuart Mill de Comte, véa-se el interesante librito de Mill, *Auguste Comte and Positivism*, Ann Arbor, University of Michigan, 1973.

dogma central: con el crecimiento del conocimiento científico, la humanidad podrá liberarse de los inmemoriales males de la vida humana (la guerra, la tiranía y la escasez).

Saint-Simon y Comte heredaron esta fe ilustrada del marqués de Condorcet (1743-1794). Condorcet es el autor de un célebre ensayo sobre el progreso del espíritu humano en el que afirmaba el carácter perfectible de la naturaleza humana. ¿Acaso no demuestra el incremento del conocimiento, pregunta, que «la bondad moral del hombre es susceptible de una indefinida mejoría, y que la naturaleza une la verdad, la felicidad y la virtud con un lazo indisoluble»?[10] Condorcet murió en prisión tras haber sido arrestado por el gobierno revolucionario de Robespierre.

Saint-Simon y Condorcet pudieron muy bien haberse conocido. Pero en cualquier caso, Saint-Simon, y después Comte, absorbieron de Condorcet las más fundamentales creencias de la Religión de la Humanidad: el avance de la ciencia no es un accidente, es el resultado de la naturaleza del espíritu humano, que tiende de forma inherente al progreso. Si se alía con la innata bondad del hombre, la ciencia puede transformar la condición humana.

Al igual que Condorcet, Saint-Simon y Comte creían que el progreso que la humanidad ha alcanzado en el gobierno y la sociedad es un resultado inevitable del

---

10. La cita de Condorcet procede de la obra de Emma Rothschild *Economic Sentiments: Adam Smith, Condorcet and the Enlightenment*, Cambridge, Mass., y Londres, Harvard University Press, 2001, pág. 203. El libro de Rothschild contiene una brillante reinterpretación del pensamiento de Condorcet.

progreso del espíritu humano. La historia no es más que el desarrollo de la inteligencia humana, en sí mismo inevitable, un desarrollo en el que las verdades descubiertas por la ciencia son utilizadas para transformar la sociedad. Existe una ley del progreso en los asuntos humanos, y a partir de ella es posible predecir el futuro de la especie. Así escribía Saint-Simon: «[...] el progreso del espíritu humano ha alcanzado el punto en el que el más importante razonamiento en materia política puede y debe ser directamente deducido del conocimiento adquirido en las ciencias sociales y en las ciencias físicas. Mi objetivo es imprimir un carácter positivo a la política».[11]

Saint-Simon y Comte anhelaban una política «positiva», una política en la que la ciencia habría de utilizarse para emancipar al género humano. Esto no quiere decir que fueran liberales. Al igual que Marx, creían que el avance de la ciencia haría innecesario el individualismo liberal. A diferencia de Marx, ambos veían con simpatía la Edad Media. En consecuencia, buscaron alianzas con pensadores conservadores.

Comte afirmaba que la historia mostraba oscilaciones entre períodos «críticos», como el de su propio tiempo, y períodos «orgánicos». Sin duda, nunca imaginó que la sociedad pudiera retroceder al pasado. Como pensador ilustrado, Comte estaba comprometido con la idea de que algún día la humanidad podría vivir mejor de lo que lo había hecho en el pasado. Pero como admirador de las sociedades orgánicas, incluía elementos del pasado en su visión del futuro. En parte por esta razón, el pensamiento positivista ha mostrado

11. *Henri Saint-Simon, op. cit.*, pág. 124.

tener un atractivo recurrente para la derecha europea, atractivo que afloró en los años treinta en la periferia intelectual del fascismo.

Tanto Saint-Simon como Comte se sentían atraídos por las ideas de Joseph de Maistre. Católico ultraortodoxo, De Maistre había sido toda su vida enemigo de la Ilustración. Puede parecer difícil de apreciar qué podían tener en común los más destacados sabios del positivismo con un pensador tan implacablemente reaccionario. Y sin embargo, según conjeturaba Saint-Simon, el futuro de la humanidad podría encontrarse en una fusión de De Maistre y Voltaire, idea sobre la que volveré en el último capítulo de este libro.

El principal atractivo del positivismo para la derecha procedía de la convicción de Saint-Simon y Comte de que la ciencia de la sociedad debía estar sólidamente basada en las verdades de la fisiología. Saint-Simon siempre subrayaba que la fisiología es fundamental para cualquier «ciencia del hombre». Comte se proponía desarrollar lo que él llamaba una «física social», una ciencia social de base fisiológica con la cual —según declaraba— «se completaría el sistema filosófico de los modernos».[12] El hecho de que confiriese una pátina de autoridad intelectual a la creencia en unos tipos humanos básicamente diferentes hacía que la idea de que la ciencia social debía fundarse en la fisiología presentara obvios atractivos para la derecha europea.

Sería absurdo hacer responsables a Saint-Simon y a Comte de la evolución posterior de sus ideas, asunto del que nada podían saber, pero existe una clara línea de pensamiento que une una pseudociencia como la

12. Kenneth Thompson, *op. cit.*, pág. 44.

frenología con las ideas políticas de la extrema derecha en la Europa del siglo xx. Ya se ha señalado el uso que hacía Comte de la frenología. Más avanzado el siglo xix, la frenología iba a aparecer en la «antropología criminal» desarrollada por el jurista italiano Cesare Lombroso (1835-1909). Las ideas positivistas tuvieron un eco múltiple en el pensamiento de Lombroso. Desde el punto de vista de éste, existe una disposición innata a la conducta delictiva, y ésta puede detectarse mediante el estudio de la fisiología y la fisonomía. En defensa de un sistema judicial en el que los expertos habrían de desempeñar un papel principal, Lombroso proponía utilizar las técnicas de la «antropometría». Éstas implicaban la medición de las características faciales y craneales, junto con la estatura y otros rasgos físicos, como medio para identificar delincuentes y «tipos criminales». Los métodos antropométricos de Lombroso fueron utilizados en el sistema judicial italiano, así como en otros muchos países, justo hasta la Segunda Guerra Mundial.

La frenología también fue utilizada para desarrollar teorías raciales. En la década de 1860, el fundador del Instituto Antropológico Británico, John Beddoe, desarrolló un «índice de negritud» basado en características craneales que utilizaba para respaldar la pretensión de que los irlandeses eran «africanoides». En el siglo xx, las técnicas «craneométricas» fueron utilizadas por los nazis para distinguir a los «arios» de los «no arios».

Tanto en la izquierda como en la derecha, el atractivo del positivismo emanaba del hecho de que afirmase poseer la autoridad de la ciencia. Casi siempre, la apelación a la ciencia corría pareja con el rechazo del liberalismo. No obstante, esta proteica doctrina resurgió a finales del siglo xx entre aquellos que se proponían convertir en universal una mezquina versión de los valores liberales.

Si el positivismo es la principal fuente de la que beben las más poderosas religiones laicas del siglo xx, ello se debe en parte a su impacto sobre las ciencias sociales. Para los positivistas, la modernidad es la transformación del mundo mediante el uso del conocimiento científico. Para Comte, la ciencia en cuestión era la sociología —una sociología de un tipo altamente especulativo—. Para los ideólogos del libre mercado, es la economía —una disciplina no menos especulativa—. Pero sea cual sea la ciencia, se supone que sus conclusiones pueden aplicarse en todas partes.

En la metodología positivista, la ciencia social no es diferente de la ciencia natural. El modelo para ambas es la matemática. Nada es cognoscible a menos que pueda ser cuantificado. Aplicando este punto de vista, Comte inventó la sociología, término que él acuñó. Sin embargo, la idea de que las matemáticas constituyen la forma ideal del conocimiento humano ha demostrado ser extremadamente poderosa en economía, disciplina en la que ha contribuido a difundir la idea de un mercado libre global.

Sin darse cuenta —ya que pocos de ellos saben algo de la historia del pensamiento, y menos aún de la vinculada a su propia materia—, la mayoría de los economistas ha heredado de los positivistas su forma de pensar. Abriéndose paso en la disciplina a través del positivismo lógico, las ideas sansimonianas y comtianas se han convertido en la metodología habitual de la economía.

Saint-Simon y Comte pensaban en una ciencia unificada en la que todo el conocimiento humano quedaría reducido a un único conjunto de leyes. Para Saint-Simon, la evolución del espíritu humano no sería completa hasta que pudiera mostrarse que la totalidad del conocimiento obedece a una sola ley. Saint-Simon escribió que, en la duodécima y última fase del desarrollo de la inteligencia humana, «el sistema general de nuestro conocimiento se reorganizará sobre la base de la creencia de que el universo se rige por una única ley inmutable. Todos los sistemas aplicados, como los sistemas de la religión, la política, la moral y el derecho civil, quedarán armonizados con el nuevo sistema de conocimiento».[13] Prácticamente en la misma línea, Comte escribe: «[...] la primera característica de la filosofía positiva es que considera que todos los fenómenos están sujetos a leyes naturales invariables. Nuestra tarea consiste [...] en procurar un adecuado descubrimiento de estas leyes, con el propósito de reducirlas al menor número posible».[14]

El proyecto de una ciencia unificada significa que las ciencias sociales no difieren por sus métodos de las ciencias naturales. Ambas tratan de descubrir leyes naturales. El único conocimiento auténtico es el que procede de la investigación científica. Y toda ciencia —incluyendo las ciencias sociales— aspira a la generalidad y la certeza de las leyes de las matemáticas. Y ello porque, como declarara Comte, «las matemáticas deben [...] ocupar el primer puesto en la jerarquía de las ciencias».[15]

La idea de que el estudio de la sociedad debería formar parte de una única ciencia unificada llegó a la eco-

13. *Henri Saint-Simon*, *op. cit.*, pág. 123.
14. Thompson, *op. cit.*, pág. 43.
15. *Ibid.*, pág. 58.

nomía procedente del Círculo de Viena, un grupo de
científicos y filósofos que comenzó a reunirse a partir
de 1907. En 1922, tras el nombramiento como catedrá-
tico de la Universidad de Viena del filósofo Moritz
Schlick, el Círculo de Viena alcanzó un considerable
éxito como difusor del positivismo lógico.

El Círculo de Viena nació en parte de la filosofía de
Ernst Mach (1838-1916), un físico y experto en balísti-
ca que tuvo una enorme influencia en Viena con el
cambio de siglo. Al igual que Comte, Mach sostenía
que la religión y la metafísica pertenecían a una fase pri-
mitiva del espíritu. Únicamente la ciencia proporcionaba un conocimiento del mundo. Desde el punto de vista
de Mach, el conocimiento científico era una construcción procedente de las sensaciones humanas. Estable-
ciendo una síntesis entre Comte y Mach, el Círculo de
Viena concebía la ciencia como una combinación de las
verdades necesarias de la lógica y la matemática con los
datos entresacados de los sentidos.

El punto central del positivismo lógico era el desarrollo de una cosmovisión científica. Yendo más lejos
que Saint-Simon y Comte, los positivistas lógicos decla-
raron que sólo las proposiciones verificables de la ciencia tienen sentido: estrictamente hablando, la religión,
la metafísica y la moral son sinsentidos. En filosofía, en
los escritos del primer Wittgenstein, esta doctrina re-
apareció como teoría mística de los límites del lenguaje.
En ciencias sociales, alentó las aspiraciones de la economía, que deseaba ser una disciplina rigurosa, a la
misma altura que la física y la matemática.

Con el auge del nazismo, el Círculo de Viena se dis-
persó, y muchos de sus miembros huyeron a los Estados Unidos. En tanto que movimiento filosófico clara-

mente definido, el positivismo lógico dejó de existir hacia la década de los cuarenta. Sin embargo, tuvo un impacto en el desarrollo de la economía, ya que dio forma a los puntos de vista de Milton Friedman y muchos otros.

Ninguno de los economistas clásicos creía que las matemáticas debían ser el modelo para la ciencia social. Para Adam Smith y Adam Ferguson, la economía tenía su fundamento en la historia. Se hallaba inextricablemente ligada al auge y al declive de las naciones, así como a la lucha por el poder entre los diferentes grupos sociales. Para Smith y Ferguson, la vida económica sólo puede entenderse mediante el examen de estos desarrollos históricos. Aunque de diferente modo, lo mismo puede decirse de Marx. Desde la aparición del positivismo en las ciencias sociales, esta tradición prácticamente ha desaparecido.

La disociación de la economía respecto de la historia ha conducido a una generalizada falta de realismo en esta disciplina. Los economistas clásicos sabían que las leyes del mercado no son más que destilados de la conducta humana. Como tales, tienen las limitaciones propias de todos los tipos de conocimiento histórico. La historia demuestra una buena proporción de regularidad en la conducta humana. También muestra la suficiente variedad como para hacer que la búsqueda de leyes universales sea una vana empresa. Dudo que las diversas formas de estudios sociales contengan una sola ley equiparable a las de las ciencias físicas. Y sin embargo en los últimos tiempos se han invocado las «leyes de la economía» para sostener la idea de que un determinado estilo de conducta —la vinculada a la variedad de «libre mercado» que, a lo largo de los últimos siglos, ha podido observarse de manera intermitente en un puñado de países— debería constituir el modelo a seguir por la vida económica en todas partes.

La teoría económica no puede mostrar que el libre mercado sea el mejor tipo de sistema económico. La idea de que los mercados libres son las modalidades más eficientes de vida económica es uno de los pilares intelectuales de la campaña en favor de un mercado libre global. Pero hay muchos modos de definir la eficiencia, y ninguno de ellos deja de incorporar valores. Para los positivistas, la eficiencia de una economía se medía en términos de su productividad. Ciertamente, el libre mercado tiene una elevada productividad. Pero como Saint-Simon y Comte comprendieron perfectamente, esto no significa que resulte humanamente satisfactoria.

La idea de que el libre mercado debe ser una práctica universal sólo tiene sentido si uno acepta una determinada filosofía de la historia. Sometida a la influencia del positivismo lógico, la economía se ha convertido en una disciplina completamente ahistórica. Al mismo tiempo, se ha impregnado de una filosofía de la historia que deriva de Saint-Simon y de Comte.

Según el positivismo, la ciencia es el motor del cambio histórico. La nueva tecnología elimina las modalidades de producción ineficientes y genera nuevas formas de vida social. Este proceso opera a lo largo de la historia. Su meta es un mundo unificado por un único sistema económico. El resultado último del conocimiento científico es una civilización universal gobernada por una moral laica y «terrenal».

Para Saint-Simon y Comte, la tecnología significaba ferrocarriles y canales. Para Lenin significaba electrici-

dad. Para los neoliberales significa Internet. El mensaje
es el mismo. La tecnología —es decir, la aplicación práctica del conocimiento científico— produce una convergencia de valores. Éste es el principal mito moderno, el
mito que los positivistas propagaron y que todo el mundo acepta hoy como un hecho.

En cierto modo, los positivistas eran más prudentes
que sus discípulos del siglo xx. La idea de que la máxima
productividad es el objetivo de la vida económica es una
de las más extendidas —y perniciosas— herencias del positivismo. Sin embargo, es una idea a la que Saint-Simon y
Comte no se adhirieron incondicionalmente. Sabían que
los humanos no son meros animales económicos. Creían
que, a medida que se acelerara el conocimiento, sería cada
vez más necesario conservar los vínculos sociales.

Para honra suya, Saint-Simon y Comte no eran dog-
máticos. Sabían que la vida humana es extremadamente
complicada, tanto que lo que es bueno en una sociedad
puede ser malo en otra. Al igual que Voltaire, comprendieron que en la realidad de la historia humana el mejor
régimen no es en todas partes el mismo. En la práctica,
ya que no en teoría, los positivistas aceptaban que existía más de una forma de ser moderno.

Los artífices del mercado libre global carecen de
este sabio relativismo político. Para ellos, lo único que
se opone a que el mejor régimen se vuelva universal es
la irracionalidad. No obstante, el mundo que ellos imaginan estar levantando es, inconfundiblemente, el que
concibieron los positivistas. En un célebre pasaje del final de su *Teoría general* (1936), Keynes escribió:

[...] las ideas de los economistas y los filósofos políticos, tanto si están en lo cierto como si se equivocan,

son más poderosas de lo que comúnmente se cree. De hecho, apenas hay otra cosa que gobierne el mundo. Los hombres prácticos, que se consideran exentos de cualquier influencia intelectual, son por lo general esclavos de algún economista difunto. Locos con autoridad, que oyen voces en el aire, destilan el frenesí mostrado unos cuantos años antes por algún erudito aficionado a emborronar cuartillas.[16]

Keynes escribía en una época en la que la política pública estaba gobernada por teorías económicas obsoletas. Hoy se rige por una religión difunta. Hallar vínculos entre figuras como la de Saint-Simon y Comte y los insípidos burócratas del Fondo Monetario Internacional puede parecer extravagante, pero la idea de modernización a la que se adhiere el FMI es una herencia del positivismo. Los ingenieros sociales que trabajan para levantar mercados libres en los últimos rincones del globo se consideran científicos racionalistas, pero en realidad son discípulos de un culto olvidado.

16. *Collected Writings of John Maynard Keynes*, vol. VII: *The General Theory of Employment, Interest and Money*, Londres, Macmillan/St Martin's Press, 1973, pág. 383 (trad. cast.: *Teoría general del empleo, el interés y el dinero*, Madrid, Aosta, 1998).

4

UNA MUY BREVE HISTORIA
DEL MERCADO LIBRE GLOBAL

> Otra tardía, confusa e imprecisa palabra es
> el actual término sociopolítico «moderniza-
> ción». Admitiendo que signifique algo, no es
> más que una confusa y débil voz de sustitu-
> ción para algo similar a la americanización.
>
> JOHN LUKACS[1]

Al final de la Guerra Fría, Francis Fukuyama decla-
ró que los Estados Unidos encarnaban la forma final
del gobierno humano. Doce años después, y desde un
punto de vista de izquierdas sólo en apariencia opuesto
al neoconservadurismo de Fukuyama, Michael Hardt
proclamaba el imperio estadounidense. Al final, el nuevo milenio anticipado por estos apocalípticos ideólogos
de los Estados Unidos duró poco más de una década.[2]

1. John Lukacs, *At the End of an Age*, New Haven y Londres,
Yale University Press, 2002, pág. 42.
2. Fukuyama anunció el fin de la historia en un artículo titulado
de ese modo y publicado en el número de *National Interest* del vera-
no de 1989. En un ensayo sobre el artículo de Fukuyama que publiqué
en la *National Review* el 27 de octubre de 1989, escribí lo siguiente:
«La nuestra es una época en la que la ideología política, tanto la liberal como la marxista, tiene una menguante influencia sobre los acontecimientos, una época en la que fuerzas más antiguas y más primor-
diales, de carácter nacionalista, religioso, fundamentalista y, muy
pronto, tal vez, maltusiano, contienden unas con otras [...]. Si la Unión
Soviética termina realmente desmembrándose, tan benéfica catástrofe

En el largo plazo histórico, la Guerra Fría constituyó una anomalía. En términos estratégicos, reflejaba la existencia de un mundo bipolar. En términos intelectuales, era una disputa familiar entre ideologías occidentales. Su fin señaló el fracaso del más ambicioso proyecto de occidentalización del siglo xx. Dado un acontecimiento de semejante magnitud, el resultado sólo podía ir a parar en otra era de conflictos geopolíticos.

Rusia estaba condenada a sufrir un nuevo intento de reorganización según un modelo occidental. El derrumbamiento del comunismo coincidió con el punto álgido del libre mercado. Si hubieran poseído unas mínimas nociones de historia, los ingenieros sociales que trataron de levantar una versión del capitalismo estadounidense en Rusia habrían sabido que su tarea era imposible.

En las últimas décadas del siglo xix, Rusia tuvo una de las economías capitalistas más dinámicas del mundo. Sin embargo, era una mezcla de industrias de control estatal y de una desordenada iniciativa privada, no un mercado libre al estilo occidental.[3] Un programa realis-

---

no inaugurará una nueva era de armonía poshistórica, sino, al contrario, una vuelta al clásico terreno de la historia, un terreno de rivalidades entre grandes potencias, de secretas diplomacias y de pretensiones y guerras irredentistas». Véase mi artículo «The End of History — or the end of liberalism?», en John Gray, *Post-Liberalism: Studies in Political Thought*, Londres y Nueva York, Routledge, 1993, pág. 249. Para la versión de Michael Hardt del punto de vista que sostiene que los Estados Unidos constituyen el fin de la historia, véase Michael Hardt y Antonio Negri, *Empire*, Cambridge, Mass., y Londres, Harvard University Press, 2001 (trad. cast.: *Imperio*, Barcelona, Paidós, 2002).

3. Para una breve consideración de los logros del zarismo tardío, véase mi trabajo titulado «Totalitarianism, reform and civil society», en John Gray, *op. cit.*, págs. 165-168.

ta de transición económica en la Rusia poscomunista se habría propuesto alimentar esa mezcla, no implantar una versión idealizada del capitalismo estadounidense.

Una gran parte de la responsabilidad en el fracaso de la reforma del mercado en Rusia recae en el hecho de que las instituciones financieras de dirección occidental fueran incapaces de comprender la importancia del Estado. Las instituciones financieras occidentales consideraban al Estado —o a lo que quedaba de él en Rusia— como un obstáculo para la reconstrucción económica. Esta actitud garantizaba el fracaso de la transición planeada.

Aplicando políticas de «terapia de choque» que hubieran producido resultados mixtos en Latinoamérica —con unas condiciones muy diferentes—, el FMI exigió una rápida reducción del poder estatal. Se desechó el control de precios. Muchos de los activos del país fueron precipitadamente privatizados, sin que se hiciese nada para desarrollar una ley de propiedad y contrato. En la época soviética, entre un 30 y un 50 %, aproximadamente, de la economía fue entregado al complejo militar industrial. El desmantelamiento de este sector requería una intervención estatal generalizada. Y en vez de eso, lo que ocurrió fue que se desmanteló el Estado. El resultado final de la reforma del mercado ruso auspiciada por Occidente fue el surgimiento de un período en el que la economía se vio dominada por el poder del crimen organizado.[4]

4. Examino el tema del anarcocapitalismo ruso en *False Dawn: Delusions of Global Capitalism*, Londres y Nueva York, Granta Books y New Press, 3ª ed. con un nuevo prefacio, 2002, págs. 133-165 [véase la traducción castellana de la 1ª edición en *Falso amanecer:*

El desastre del libre mercado en Rusia fue otro intento de modernización fallido, un intento cuyos efectos prácticos fueron similares a los de la colectivización agraria. Es cierto, no murieron de hambre millones de personas, pero la fertilidad y la esperanza de vida cayeron en picado, lo que condujo a un descenso de población cuya escala carece de precedentes en un país desarrollado. La mayoría de la gente sobrevivió gracias a los productos cultivados en pequeños huertos. Tras haberse propuesto convertirse en una potencia industrial, el país se vio obligado a retroceder a la agricultura de subsistencia. Una vez más, según parece, Rusia había fracasado en su intento de alcanzar al Oeste, pero de hecho llevaba camino de superarlo. La transición de un mercado de planificación central a un mercado libre de estilo occidental fracasó, pero la economía de base mafiosa que surgió de las ruinas del Estado soviético ha evolucionado hasta convertirse en un tipo de capitalismo hipermoderno.

Debido al hecho de que tiene sus orígenes en el delito, el capitalismo ruso se encuentra bien adaptado

---

los engaños del capitalismo global, Barcelona, Paidós, 2000]. Para un completo análisis del bolchevismo de mercado en Rusia, véase Peter Reddaway y Dmitri Glinski, *The Tragedy of Russia's Reforms: Market Bolshevism against Democracy*, Washington, DC, US Institute of Peace Press, 2001. Para una autorizada y devastadora crítica de las políticas del FMI en Rusia, véase Joseph Stiglitz, *Globalisation and Its Discontents*, Londres, Allen Lane/Penguin, 2002, cap. 5 (trad. cast.: *La globalización y sus miserias*, Madrid, Taurus, 2002). Véanse también Alexander Chubarov, *Russia's Bitter Path to Modernity: A History of the Soviet and Post-Soviet Eras*, Nueva York y Londres, Continuum Books, 2001, y Robert Service, *Russia: Experiment with a People*, Londres, Macmillan, 2002.

para prosperar en una época en la que los sectores de más rápido crecimiento de las economías occidentales avanzadas son industrias ilegales relacionadas con las drogas, la prostitución y el ciberfraude. Mientras que las economías occidentales han estado a punto de caer en bancarrota en la búsqueda de la fantasía de una economía «ingrávida» y basada en el conocimiento, Rusia está lista para hacerse rica mediante la explotación de los déficit de recursos que se perfilan en el horizonte. Bajo los auspicios del régimen sutilmente autoritario de Vladimir Putin, Rusia se encuentra hoy a la vanguardia del desarrollo económico.[5]

En todos los demás lugares del mundo el fundamentalismo de mercado ha conducido a un nuevo tipo de desarrollo inverso en el que los países avanzados retroceden a formas más primitivas de vida económica. Esto es lo que está sucediendo en Argentina. Hace un siglo, se encontraba entre los países más altamente desarrollados del mundo. Hoy se ha convertido en un caos empobrecido.

Es costumbre fechar el declive económico de Argentina en la época en que el dictador populista Perón tomó el poder en 1946. En realidad, durante la década peronista la economía creció a un ritmo superior al que habría de registrar más tarde. De hecho, durante gran parte del período posterior al traspaso al FMI del control de su economía, la economía argentina se redujo.

---

5. Examino algunas de las ironías de la modernización rusa en mi libro *Straw Dogs: Thoughts on Humans and Other Animals*, Londres y Nueva York, Granta Books, 2002, págs. 178-179 (trad. cast.: *Perros de paja: reflexiones sobre los humanos y otros animales*, Barcelona, Paidós, 2003, págs. 144-145).

Tampoco es cierto que el derrumbe de Argentina derivara de su fracaso en la reforma de la economía. De haber puesto en práctica todas las políticas del FMI, el desastre de Argentina hubiera sido más grave. Tal como hace en todas partes, el FMI exigió austeridad fiscal. Argentina cumplió lo exigido realizando drásticos recortes presupuestarios. El resultado —conocido de antemano por la mayoría de los economistas, aunque no por los que están en el FMI— fue que la economía, que ya estaba contrayéndose, se redujo aún más. En palabras de Joseph Stiglitz: «Sin que resulte sorprendente, los recortes exacerbaron el declive; si éstos hubieran sido tan implacables como deseaba el FMI, el derrumbamiento económico habría sido aún más rápido».[6]

En un momento en el que aún vivimos las repercusiones del experimento del FMI, Argentina es un ejemplo meridiano de desarrollo inverso. La amplia clase media que un día tuvo está arruinada. Se ha sustituido una economía de mercado muy avanzada por una economía de trueque. Una cuarta parte, o más, de la población está desempleada. El hambre está muy extendida. Delitos como el secuestro y el atraco a mano armada son frecuentes. Con la economía y la sociedad en una situación de hundimiento, debe estar al caer un nuevo cambio de régimen.

Reducir un Estado moderno al nivel de un régimen del Tercer Mundo en menos de una década es un logro notable, pero las políticas del FMI en Argentina no eran diferentes de las que había impuesto esta institu-

---

6. Véase Joseph Stiglitz, «Argentina Short-Changed: Why the Nation that Followed the Rules Fell to Pieces», *Washington Post*, 12 de mayo de 2002.

ción en otros países. A pesar de sus meteduras de pata y sus chapuzas en todo el mundo, los objetivos del FMI no varían. Por muy diferentes que sean los problemas, las soluciones siempre son las mismas. El FMI se propone establecer en todas partes un mismo tipo de capitalismo. Inevitablemente, dadas las diversas historias y circunstancias de los países que han estado sujetos a sus políticas, este objetivo ha demostrado ser poco acertado.

El mercado libre global no es el resultado de la competencia entre distintos sistemas económicos. Al igual que el mercado libre que se creó en Inglaterra a mediados del siglo xix, ha sido establecido y sostenido por el poder político. A diferencia de su precursor inglés, el mercado libre global carece de frenos y contrapesos. Protegido respecto de cualquier tipo de exigencia política encaminada a la rendición de cuentas, resulta demasiado quebradizo para poder durar largo tiempo.

El final de la Guerra Fría dejó a los Estados Unidos en una posición de poder incontestada. El sentido de declive nacional que había perseguido a este país a lo largo de gran parte de la década de los ochenta se olvidó. El espectacular y súbito incremento de los activos financieros estadounidenses que hizo furor a lo largo de gran parte de la década de los noventa impulsó la largamente sostenida creencia de los norteamericanos de que los Estados Unidos constituyen una nación elegida. Para los impulsores de políticas estadounidenses resultaba fácil creer que el mercado libre de los Estados Unidos debía difundirse a todas partes. Valiéndose de su control sobre el FMI y el Banco Mundial, trataron de acelerar este proceso. Al parecer, no llegaron a imaginar que los Estados Unidos iban a convertirse en una de las víctimas del régimen que estaban construyendo.

El mercado libre global es el producto de la unión entre la economía positivista y el sentido estadounidense de tener encomendada una misión universal. Sólo en las últimas décadas del siglo xx llegó a asociarse el pensamiento positivista con la defensa de los mercados libres. Con anterioridad en la historia de los Estados Unidos, la influencia del pensamiento positivista había operado en contra de la idea del libre mercado. Puede apreciarse claramente el impacto de las ideas de Comte en el libro de Herbert Croly, *The Promise of American Life* (1909).[7] En este manifiesto de pensamiento progresista estadounidense, Croly —un teórico político y periodista que, junto con Walter Lippmann, fundó la *New Republic*— argumenta que los Estados Unidos deben renunciar a su individualismo y desarrollar un gobierno nacional fuerte. En el seno del movimiento progresista, el rechazo del individualismo encuentra otra fuente en el pensamiento de Hegel. Muchos progresistas compartían la admiración de Woodrow Wilson por la Prusia de Bismarck como modelo para el Estado moderno.

En las últimas décadas del siglo xx, la ciencia social estadounidense se ha visto profundamente influida por la idea de Comte —transmitida a los Estados Unidos por el Círculo de Viena— de que la matemática constituye el modelo para toda rama de conocimiento científico. En economía, esta metodología halló expresión en la noción de eficiencia. Los economistas estadounidenses siguieron a los positivistas al pensar que la productividad es la mejor medida de la eficiencia económica,

7. Herbert Croly, *The Promise of American Life*, Boston, Mass., Northeastern University Press, 1989.

pero, a diferencia de ellos, no lograron comprender que, por sí sola, la productividad no hace que una economía resulte humanamente aceptable.

Hay otras tradiciones intelectuales que han tenido importancia en la difusión de la idea de que el mercado libre es el único sistema económico racional. Los discípulos más recientes de los economistas clásicos seguidores de Adam Smith y devotos de la Escuela austríaca actuaron como misioneros de la misma idea. Sin embargo, a pesar de estas otras influencias, fue la doctrina positivista de que la eficiencia económica es mensurable en términos de productividad lo que dio al mercado libre la autoridad de la ciencia.

Al igual que en Europa, la ciencia en los Estados Unidos —en este caso, la ciencia nominal de la economía— fue utilizada para propagar una nueva religión.[8] Las pretensiones de la economía como ciencia estaban vinculadas con un mito indígena de los Estados Unidos. El mercado libre estadounidense fue elevado a la categoría de sistema económico universal.

Para sus fundadores, los Estados Unidos constituían un experimento. Un experimento que podía salir mal. En cualquier caso, requería un complejo conjunto de condiciones iniciales que no existían en ninguna otra parte. No había nada que sugiriese que la forma de gobierno estadounidense pudiera convertirse en algo universal. A pesar de ello, muchos estadounidenses han creído durante largo tiempo que su país tiene una mi-

---

8. Para un provechoso estudio de la dimensión religiosa de la economía en los Estados Unidos, véase Robert H. Nelson, *Economics as Religion: From Samuelson to Chicago and Beyond*, University Park Pennsylvania, Penn State University Press, 2001.

sión universal. No es una convicción poco frecuente. Los británicos durante el siglo XIX, los franceses durante el XVIII, los españoles y los portugueses durante los siglos XVI y XVII, todos imaginaron ser los precursores de una civilización universal. No hay nada de excepcional en el excepcionalismo estadounidense.

Durante gran parte del siglo XIX, la impresión de los estadounidenses de compartir un destino único se encarnó en el proteccionismo. Durante la última década del siglo XX, el colapso soviético convirtió a los Estados Unidos en una megapotencia en una época en que el prestigio del mercado libre —tanto en el plano político como académico— nunca había sido mayor. Sólo entonces se embarcaron los Estados Unidos en el proyecto de construir un mercado libre global.

Una de las propiedades de este proyecto radicaba en la creencia de que los Estados Unidos habían descubierto el secreto de una prosperidad sin interrupciones. Mediante una combinación de desregulación en los mercados financieros, de libre comercio y de nuevas tecnologías, se afirmaba, los Estados Unidos habían abolido los ciclos empresariales y logrado un incremento permanente de la productividad del país.[9]

Joseph Schumpeter —un auténtico y gran economista muy citado durante la década de los noventa— había escrito acerca del vendaval de destrucción creativa que acompaña a la elevada productividad del capita-

9. Para una afirmación canónica de la perspectiva triunfalista sobre la economía estadounidense a finales de los noventa, véase Daniel Yergin, *The Commanding Heights: The Battle Between Government and the Marketplace that is Remaking the Modern World*, Nueva York, Simon and Schuster, 1998.

lismo. Los teóricos del nuevo paradigma creyeron que había nacido una nueva economía, una economía en la que la tempestad de Schumpeter se había convertido en una suave brisa.

Como siempre, la realidad era mucho más familiar. El auge de fin de siglo de los Estados Unidos era una clásica burbuja. La única novedad era su tamaño. Mayor que cualquier otra de la historia, había sido formada por cantidades muy grandes de créditos baratos y por la influencia del capital extranjero.

Parte del atractivo de invertir en la economía estadounidense durante esta época procedía de la idea de que el país había logrado un vasto y permanente incremento de la productividad. La prueba que se presentaba es sumamente cuestionable. Las estadísticas económicas estadounidenses emplean un método conocido como contabilidad hedonista, un método que permite introducir cambios en la calidad de las mercancías. El efecto del uso de este método de contabilidad terminó inflando la productividad estadounidense. Prácticamente la totalidad del incremento aducido por los publicistas de la Nueva Era pudo ser un artefacto de esta convención contable. Tal como ha dicho un observador británico: «El efecto (de la contabilidad hedonista) consistió en informar de un crecimiento del PIB que sobrestima el crecimiento real de la producción estadounidense en medio punto porcentual al año. Esta diferencia contable equivale a la parte más importante del milagro de productividad que aún entusiasma a quienes creen en la nueva economía».[10]

10. John Kay, «A True and Fair View of Productivity», *Financial Times*, 27 de marzo de 2002.

Otro de los factores aseguraba que el explosivo crecimiento de los Estados Unidos sería de corta duración. El mismo hecho de que se creyera que el ciclo empresarial había dejado de actuar garantizaba que regresaría para vengarse. Cuando los inversores creen que los bancos centrales han maquinado el final del ciclo de prosperidad y depresión no puede estar lejos una grave bancarrota. Los mercados financieros no son sistemas que se autorregulen. Tal como han mostrado Hyman Minsky y George Soros,[11] son intrínsecamente inestables. Y nunca son tan inestables como en aquellos momentos en que el público general los considera estables.

El capital extranjero se vio seducido por unas prácticas contables excepcionalmente creativas y por unas estadísticas de productividad de estilo soviético, y por ello invirtieron en un milagro económico que muy probablemente nunca existió. La situación fue siempre sumamente inestable. Con el declive de la confianza en los procedimientos contables de los Estados Unidos —declive que siguió al hundimiento de Enron—, uno de los principales pilares del «milagro económico estadounidense», la influencia del capital extranjero, quedó inmediatamente cuestionado.

En lo que constituye un revés de fortuna curiosamente predecible, los Estados Unidos se encuentran hoy a merced del régimen de libre flujo de capitales que ellos mismos impusieron en todo el mundo en los noventa. La inestabilidad que se manifestó en la llamada

11. Véanse Hyman Minsky, *Stabilizing an Unstable Economy*, New Haven y Londres, Yale University Press, 1986; George Soros, *The Alchemy of Finance*, Nueva York, Simon and Schuster, 1987, y *On Globalization*, Nueva York, Public Affairs, 2002.

crisis asiática y en el incumplimiento del pago de la deuda rusa ha alcanzado el epicentro del mercado libre global. El resultado será una dislocación económica global con ramificaciones geopolíticas.

Ha habido varios signos de creciente tensión. La crisis asiática que estalló en 1997 se interpretó en los países occidentales como un síntoma de los particulares vicios del capitalismo asiático. En realidad, había sido desencadenada en julio de ese año por un ataque especulativo contra la divisa tailandesa. Como pudo comprobarse en su momento, fue un primer aviso de la inminencia de una crisis financiera del sistema.[12]

Mientras estén confinados en la periferia del mercado global, los efectos desestabilizadores de unos movimientos de capital carentes de traba pueden omitirse sin riesgo. Incluso pueden ser muy provechosos —como sucedió cuando el mercado bursátil y el mercado de bonos de los Estados Unidos se beneficiaron de su condición de puerto seguro durante las crisis asiática y rusa—. Y sin embargo pertenece a la lógica del *laissez-faire* global el hecho de que la crisis financiera pueda llegar a incidir en el corazón del sistema.

12. En diciembre de 1997 escribí lo siguiente: «Los partidarios occidentales del mercado libre, al jactarse de las dificultades económicas de los países asiáticos, están mostrando ser a su vez —y no es la primera ocasión— miopes y desmedidamente soberbios [...]; la crisis económica de Asia no augura la difusión universal de los mercados libres. Muy al contrario, puede constituir el preludio de una crisis de deflación global, una crisis en la que los propios Estados Unidos sentirán repugnancia hacia el régimen de libre comercio y mercados desregulados que están tratando de imponer actualmente en Asia y en todo el mundo», en «Forget Tigers, Keep an Eye on China», *Guardian*, 17 de diciembre de 1997.

Casi se produjo una crisis económica global cuando el Long-Term Capital Management —un fondo de cobertura con un alto grado de apalancamiento fundado por un par de economistas galardonados con el Premio Nobel en el que un cierto número de bancos centrales había realizado fuertes inversiones— se derrumbó después de que el gobierno ruso se mostrase incapaz de atender a su deuda externa en agosto de 1998. En aquella ocasión, la amenaza fue neutralizada. Pero la fragilidad del sistema financiero global había quedado de manifiesto.

Al hacer todo lo que estaba en sus manos para difundir el libre mercado por todo el mundo, los impulsores de políticas estadounidenses se aseguraban de que sus inestabilidades intrínsecas adquirieran un alcance global. En épocas de expansión, los movimientos sincronizados de los mercados mundiales incrementan la prosperidad. Del mismo modo, en una época de depresión aumentan el perjuicio causado. La conjunción de la globalización del mercado y de las repercusiones del estallido de la burbuja estadounidense ha creado una situación particularmente peligrosa. La economía mundial ha llegado a depender de un elevado nivel de consumo en los Estados Unidos para mantener la demanda. Si los consumidores estadounidenses recortan drásticamente sus gastos, el resultado puede ser una dislocación económica global a una escala mayor que cualquier otra conocida desde los años treinta.

Las opciones que se presentan ante los Estados Unidos en lo referente a abordar las secuelas del estallido de la burbuja son escasas. Dado que sus planes de jubilaciones han quedado aniquilados por el colpaso del mercado bursátil, los estadounidenses necesitan reor-

ganizar su economía.[13] Si se producen nuevas caídas del
mercado bursátil, o si estalla la burbuja del mercado
inmobiliario, cuyo desarrollo se ha venido estimulando,
los estadounidenses podrían convertirse una vez más en
ahorradores convencidos. En tal caso, el consumo caerá y la consecuencia —de un alcance, casi con toda certeza, global— será la recesión.

Con el fin de descartar esta posibilidad, el Banco de
la Reserva Federal se ha embarcado en un programa radicalmente keynesiano destinado a relanzar la economía. Sin embargo, si las políticas defendidas por Keynes
en la década de 1930 fueron concebidas para sacar a la
economía de la depresión, el experimento hiperkeyne-
siano del señor Greenspan es un intento encaminado a
prolongar un auge insostenible. Después de no haber
sido capaz de hacer una punción a la «exuberancia irra-
cional» que detectó en Wall Street en un discurso realizado en diciembre de 1996, el presidente del Banco de
la Reserva Federal ha decidido repetir la experiencia.[14]

13. Para un estudio del daño producido a los planes de jubila-
ción estadounidenses por el derrumbamiento del mercado bursátil,
véase Edward N. Wolff, *Retirement Insecurity: The Income Short-
falls Awaiting the Soon-to-Retire*, Washington, DC, Economic Policy Institute, 2002.

14. Para un examen del papel desempeñado por el presidente
del Banco de la Reserva Federal en la incapacidad para drenar la
burbuja bursátil estadounidense, véase Andrew Smithers y Stephen
Wright, *Valuing Wall Street*, Nueva York y Londres, McGraw-
Hill, 2000, cap. 32, «The Economic Consequences of Alan Greenspan», págs. 339-343. Para otro estudio relacionado con la sobreva-
loración del mercado bursátil estadounidense, véase Robert J.
Shiller, *Irrational Exuberance*, Princeton, Nueva Jersey, Princeton
University Press, 2000.

Otros países han visto cómo se les imponía sin desearlo la ortodoxia monetaria y fiscal del FMI. Los Estados Unidos no se hallan sometidos a este imperativo. Nunca se han sentido vinculados por los consensos alcanzados en la sede central del FMI en Washington. Mucho antes del 11 de septiembre, se redujeron de manera apreciable los tipos de interés a corto plazo. Dado que esto provocó que se redujeran aún más, el impacto económico general de los ataques terroristas tuvo un carácter de estímulo. Si —como parece probable— los bajos tipos de interés no resultan operativos, se probarán otras medidas menos ortodoxas. No debería subestimarse el poder del Banco de la Reserva Federal. Con todo, no es el árbitro último de la economía estadounidense.

Los Estados Unidos tal vez sean la última superpotencia, pero no pueden dictar el comportamiento de los mercados globales. Durante el período en que estuvo activa la mayor burbuja bursátil de la historia, este país se convirtió en el mayor deudor del mundo. Los niveles de vida estadounidenses dependen hoy de que se mantenga la afluencia de capital extranjero y de que éste siga disfrutando de los tipos de interés extremadamente elevados que se han registrado en el pasado reciente. En caso contrario, el dólar caerá y en consecuencia se producirá una crisis económica.

La mayoría de los comentaristas estadounidenses insisten en que la deflación que ha atormentado a Japón durante una década no puede producirse en los Estados Unidos. El Banco de la Reserva Federal, del que se sabe que ha estudiado minuciosamente la experiencia japonesa, no parece compartir su confianza. En realidad, si la deflación llegase a los Estados Unidos, sería mucho más dañina de lo que ha sido en Japón.

Japón sigue siendo la única verdadera superpotencia económica. Es el mayor acreedor del mundo. Sus ciudadanos se cuentan entre los mayores ahorradores del mundo. Los Estados Unidos son el mayor deudor del mundo, y los ahorros de sus ciudadanos son aún insignificantes. Si la deflación alcanza a los Estados Unidos, será aún más difícil de controlar que en Japón. Ésta es una de las razones por las que las autoridades monetarias estadounidenses recurrirán a cualquier astucia para evitarla. En los Estados Unidos, la amenaza de deflación produce inevitablemente inflación, un comportamiento que hará que los extranjeros estén aún menos dispuestos a mantener sus activos en los Estados Unidos.

El modelo estadounidense tiene algunas virtudes características, como su apertura a los inmigrantes y su elevado nivel de iniciativa empresarial. Sin embargo, el atractivo que tuvo durante los años noventa ha disminuido. Son pocos los países que envidian los niveles de desigualdad económica de los Estados Unidos, o sus niveles de encarcelamiento en masa.[15]

Los ciudadanos japoneses disfrutan de un nivel de seguridad personal igual o superior al de los suizos —pese al hecho de que en Japón la población reclusa represente, en términos proporcionales, alrededor de la vigésima parte de la que se registra en los Estados Unidos—. En Europa, los trabajadores franceses y alemanes trabajan entre ocho y doce semanas menos al año que sus colegas estadounidenses —y pese a ello, sus in-

15. Para el experimento estadounidense del encarcelamiento en masa, véase mi libro *Falso amanecer: los engaños del capitalismo global*, págs. 150-154.

gresos están creciendo, mientras que los de la mayoría
de los trabajadores estadounidenses se han mantenido
estancados durante largo tiempo, o han descendido—.
Pocos asiáticos o europeos se toman en serio las pretensiones de un modelo económico cuyo incremento de
productividad —tan pregonado— ha demostrado ser
en gran parte ficticio, un modelo en el que las principales
compañías se han convertido en poco más que fondos
de cobertura con un elevado grado de apalancamiento,
y que ha revelado ser tan receptivo al capitalismo de ca-
marillas como cualquier otro del mundo.

Sin duda el capitalismo estadounidense se renovará,
como ya ha hecho en el pasado. Las empresas estadounidenses nunca han operado confinadas entre los estre-
chos márgenes de los modelos de libre mercado. A pesar
de ello, las pretensiones universales de la más reciente
versión del capitalismo estadounidense presentan un
deterioro imposible de reparar. Se trata únicamente de
un retorno a la realidad. Todos los sistemas económicos
tienen defectos. Todos están sometidos a ciclos de declive y recuperación. Ninguno posee la capacidad de
replicarse a sí mismo en todas partes.

El capitalismo presenta un gran número de variedades. La acción económica no es una forma independiente de vida social. Es una consecuencia de las creencias
religiosas, de las relaciones familiares y de las tradiciones nacionales en las que se halla inserta. Las iniciativas
empresariales actúan en las sociedades ortodoxas del
Este de un modo distinto al que manifiestan en las sociedades católicas. El capitalismo chino es muy diferente del capitalismo japonés, y el indio del musulmán.
Existen muchos híbridos. A medida que se van moder-
nizando, las variedades de capitalismo no se vuelven

más similares. Se renuevan de distinto modo. Ningún sistema económico está adaptado de forma única a las variables condiciones del mundo moderno.

Nunca ha habido la menor probabilidad de que las numerosas variedades de capitalismo se vieran sustituidas por una pálida monocultura anglosajona. Y sin embargo, durante un tiempo, las políticas estadounidenses se han visto moldeadas por la creencia de que semejante transformación histórica de envergadura mundial había de ser no sólo inevitable, sino también inminente. Las políticas estadounidenses han estado basadas en la creencia de que las diferencias culturales son manifestaciones superficiales de fuerzas económicas que desaparecerán, o bien quedarán reducidas a la insignificancia, con el avance del conocimiento y la tecnología —un punto de vista que muestra sorprendentes reminiscencias del determinismo marxiano—. Tal como Liah Greenfeld ha observado: «Curiosamente, el marxismo, abandonado en los países tradicionalmente dedicados a su propagación, y habiéndose mostrado erróneo tras su confrontación con la experiencia, resulta notablemente similar a la cosmovisión angloestadounidense».[16]

Los misioneros neoliberales estadounidenses abrazaron los aspectos más débiles del pensamiento de Marx. Imitaron su determinismo histórico, pero carecieron de su homérica visión del conflicto histórico. Marx sabía que el capitalismo es endémicamente inestable. Sus seguidores estadounidenses imaginaron que había alcan-

16. Liah Greenfeld, *The Spirit of Capitalism: Nationalism and Economic Growth*, Cambridge, Mass., y Londres, Harvard University Press, 2001, pág. 6.

zado un equilibrio que duraría siempre. Marx percibió que el capitalismo estaba destruyendo la vida burguesa. Sus discípulos estadounidenses confiaban en que la vida burguesa habría de convertirse muy pronto en algo universal.

La cosmovisión submarxiana y neoliberal que dio forma a las políticas estadounidenses en los años noventa no podía durar. Mucho antes de los ataques terroristas, los Estados Unidos estaban perdiendo interés en la globalización. Más tarde, cuando el presidente Bush impuso barreras arancelarias al acero y a los productos agrícolas, se vio con claridad que el mantenimiento del mercado libre global había dejado de ser una prioridad. Probablemente sólo sea cuestión de tiempo que los Estados Unidos dejen con un palmo de narices a la Organización Mundial del Comercio. En ese caso, el comercio volverá a ser un asunto de negociaciones bilaterales entre gobiernos y bloques. El sistema internacional volverá a ser una sociedad de Estados soberanos.

Tras haber sido los adelantados de la globalización, los Estados Unidos han optado por la globalización en un único país. El peligro consiste en que el viraje de la política estadounidense pueda producir una contracción del comercio mundial. En el peor de los casos, el proteccionismo de toma y daca podría conducir a una situación similar a la de la Gran Depresión. En cualquier caso, son los Estados Unidos los que han dado carpetazo al experimento neoliberal. No hay duda de que los ataques del 11 de septiembre han espoleado el cambio de las políticas estadounidenses, pero antes de este acontecimiento ya llevaban tiempo en marcha. La administración Bush pasará a la historia como la administración que cavó la tumba del mercado libre global.

Por un lado, el mercado libre global ha venido dependiendo del mantenimiento del compromiso de los Estados Unidos con el libre comercio. Por otro, requería que los inversores extranjeros siguieran aceptando al capitalismo estadounidense como modelo universal. Al venirse abajo estas condiciones, el mercado libre global ha comenzado a desmoronarse.

5

LA GEOPOLÍTICA Y LOS LÍMITES
DEL CRECIMIENTO

> Cuando el mundo entero está sobrecargado
> de habitantes, entonces el último de todos los
> remedios es la guerra, la cual dispone de cada
> hombre, por la victoria, o por la muerte.
>
> THOMAS HOBBES[1]

El período posterior a la Guerra Fría fue un interregno entre dos épocas de conflicto. Con el fin de las disputas ideológicas que lo caracterizaron, han resurgido los antiguos motivos de rivalidad y enemistad. El mundo ha retornado a una condición en cierto modo similar a la que existía hacia el final del siglo xix, época en la que el eje principal de la guerra y la diplomacia pasaba por el control de los recursos naturales.

La teoría económica que sostiene el mercado libre global rechaza la idea misma de escasez de recursos. Si la demanda supera a los suministros, los recursos se volverán caros. Como consecuencia, se encontrarán nuevos suministros, o se desarrollarán alternativas tecnológicas. Desde este punto de vista, mientras el mercado continúe dictando los precios y prosiga la innovación tecnológica, el crecimiento económico no puede descarri-

---

1. Thomas Hobbes, *Leviathan*, Oxford y Nueva York, Oxford University Press, 1996, pág. 230 (trad. cast.: *Leviatán*, prólogo y notas de Carlos Mellizo, Madrid, Alianza, 1989).

lar por efecto de la escasez. A todos los efectos prácticos, los recursos naturales son infinitos.

La idea de que la inventiva humana puede superar la escasez natural no es nueva. Los positivistas creían que la industrialización permitiría a la humanidad erradicar la escasez. Compartiendo con ellos esta fe, Karl Marx imaginó que el industrialismo haría posible una situación de abundancia en la que tanto los mercados como el Estado quedarían obsoletos. Herbert Spencer —un pensador que hoy resulta casi desconocido, pero que era extremadamente influyente al comenzar el siglo xx— compartía la visión de Marx, ya que sostenía que el industrialismo haría de la guerra un anacronismo.[2]

Antes de Marx, ya hacía tiempo que la creencia de que el ingenio humano podría superar la escasez constituía uno de los fundamentos del pensamiento utópico. Se dice que Charles Fourier creía que llegaría una época en la que los océanos serían convertidos en limonada. Este pensador utópico francés de principios del siglo xix ha sido blanco de una interminable ridiculización, pero sus pronósticos no eran mucho más inverosímiles que los de los economistas del libre mercado de finales del siglo xx.

Al igual que los marxistas, los neoliberales imaginan que con el triunfo de la industrialización dejará de haber guerras provocadas por la escasez. Olvidan que las

---

2. Para la distinción que Spencer establece entre las sociedades militantes y las industriales, véase Herbert Spencer, *The Principles of Ethics*, vol. 2, Indianápolis, Liberty Classics, 1978, págs. 209-215, y *The Man Versus the State*, Indianápolis, Liberty Classics, 1982, págs. 153-159 (trad. cast.: *El individuo contra el Estado*, Gijón, Júcar, 1977).

sociedades industriales dependen para su supervivencia de fuentes de energía que no son renovables. Una vez utilizadas, no pueden volver a usarse. La más importante de ellas —el petróleo— tiene una distribución muy desigual en el mundo. Lo mismo puede decirse del agua dulce. A medida que avanza la industrialización en todo el mundo, la competencia por estos recursos se hará necesariamente más intensa.

A pesar del hecho de que el siglo xx ha sido testigo de guerras más prolongadas y destructivas que cualesquiera otras de la historia, no se ha abandonado la creencia de que la industrialización y la paz avanzan juntas. La mayoría de los economistas han seguido a Marx y a Spencer al pensar que el industrialismo ha relegado al pasado la escasez natural. En los años setenta, el Club de Roma mostró que los recursos naturales finitos no podrían soportar un incremento exponencial de la población y la producción. Sin embargo, no consiguió mellar la fe que lleva a creer que las sociedades industriales han descubierto el secreto del crecimiento perpetuo.[3]

3. Para un argumento seminal contra el crecimiento perpetuo, véase Donella H. Meadows, Dennis L. Meadows, J. Randers y W. W. Behrens III, *The Limits to Growth*, Nueva York, Universe Books, 1972 (trad. cast.: *Más allá de los límites del crecimiento*, Madrid, Aguilar, 1993). Para una respuesta económica convencional, véase H. D. S. Cole y otros, *Models of Doom: A Critique of the Limits of Growth*, Nueva York, Universe Books, 1973. Para un potente argumento conservador contra el crecimiento ilimitado, véase Fred C. Ikle, «Growth Without End: Our Perpetual Growth Utopia», *National Review*, 7 de marzo de 1994. Yo he desarrollado un argumento contra el crecimiento perpetuo en «An Agenda for Green Conservatism», en John Gray, *Beyond the New Right: Mar-*

La historia supera la presciencia de los economistas. En los años noventa, la escasez de recursos fue motivo de una guerra. La Guerra del Golfo se desencadenó para impedir que los suministros de petróleo kuwaití y saudí escaparan al control occidental. Diez años después, el control de los suministros de energía domina el pensamiento estratégico. Mucho antes del 11 de septiembre, la administración Bush dejó claro que consideraba el acceso a la energía como una cuestión de seguridad nacional. Una de las consecuencias de los ataques fue que los Estados Unidos concertaron un acercamiento de gran alcance con Rusia, acercamiento cuya clave de bóveda era la explotación conjunta de los recursos energéticos de Asia central. El Gran Juego se había reanudado.

Los límites que afectan al crecimiento no han desaparecido. Han regresado en forma de geopolítica. Las guerras del siglo xxi serán guerras por los recursos, guerras que se volverán más peligrosas e intratables por el hecho de hallarse entrelazadas con enemistades étnicas y religiosas.

Lejos de que la escasez de recursos esté desapareciendo con el desarrollo económico, la industrialización en curso la está convirtiendo en una fuente esencial de conflictos. La mejor guía para estos conflictos emergentes nos la proporciona la geografía. En Oriente Próximo y el sur de Asia, el agua es una de las principales fuentes de conflicto: «La cuenca del río Jordán riega Israel, Jordania, el Líbano, Siria y el territorio palestino; el sistema del Éufrates y el Tigris atraviesa Irán,

---

kets, Government and the Common Environment, Londres y Nueva York, Routledge, 1993.

Iraq, Siria, Turquía y las zonas ocupadas por la población kurda; y el Indo reparte sus aguas entre Afganistán, China, Pakistán y Cachemira (donde una parte de los habitantes trata de proclamarse independiente). Estos países y religiones tienen profundas divisiones políticas, religiosas, étnicas e ideológicas. Por consiguiente, es probable que las disputas por el agua se vean intensificadas por los agravios y las animosidades históricas».[4]

El conflicto por el agua fue uno de los factores que intervino en el último gran genocidio del siglo xx. En menos de una generación, la población de Ruanda se elevó a más del triple. En 1992, el país tenía el índice de crecimiento demográfico más alto del mundo, con una media de ocho niños por mujer. La producción de alimentos no pudo aguantar este ritmo. El agua empezó a escasear muchísimo. La guerra entre los hutu y los tutsi se debió a un cierto número de causas, pero muy pronto se convirtió en una lucha por el agua, una lucha en la que murieron alrededor de dos millones de personas.[5]

4. Michael T. Klare, *Resource Wars: The New Landscape of Global Conflict*, Nueva York, Henry Holt and Company, 2001, pág. 162. Para un debate sobre la escasez de agua y sus consecuencias, véase Diane Raines Ward, *Water Wars: Drought, Flood, Folly and the Politics of Thirst*, Riverhead Books, 2002.

5. Para un examen de las raíces demográficas y ecológicas de la tragedia ruandesa, véase E. O. Wilson, *Consilience: The Unity of Knowledge*, Londres, Abacus, 1998, págs. 321-322 (trad. cast.: *Consilience: la unidad del conocimiento*, Barcelona, Galaxia Gutenberg, 1999). Algunas de las causas de los conflictos de Ruanda nacen en la época colonial: véase Mahmood Mamdami, *When Victims Become Killers: Colonialism, Nativism and Genocide in Rwanda*, Londres, James Curry, 2001.

La rivalidad provocada por la escasez de recursos naturales desempeñó un papel central en las mayores guerras del siglo XX. La competencia por la obtención de los suministros de petróleo fue uno de los factores que desencadenaron la Segunda Guerra Mundial. El embargo impuesto por los Estados Unidos a las exportaciones de petróleo a Japón fue el factor decisivo que hizo que la opinión de los militares japoneses se inclinara del lado de la guerra. En 1941, uno de los factores principales que llevaron a Hitler a tomar la decisión de invadir Rusia fue la perspectiva de apoderarse de las instalaciones soviéticas de producción de petróleo. Si la historia ha de servirnos de alguna guía, el próximo siglo estará marcado por guerras cuyo objetivo será el control del petróleo.

Hoy, lo que sustenta cualquier conflicto potencial de cierta envergadura es la competencia por los menguantes suministros de hidrocarburos. Los últimos grandes yacimientos de petróleo convencional y barato —en torno a dos tercios de las reservas mundiales de petróleo conocidas— se encuentran en el Golfo Pérsico. En la parte de Asia central controlada antiguamente por la Unión Soviética, las grandes potencias rivalizan por el control de las abundantes reservas de petróleo y gas natural de la cuenca del mar Caspio. En el mar del Sur de China, países como Taiwan, Vietnam, Filipinas, Malasia y China reclaman los yacimientos submarinos de petróleo de las islas Spratly. Estas tres regiones son el escenario de una carrera armamentística.

Detrás de las crecientes rivalidades motivadas por los recursos naturales se encuentra el crecimiento de la población humana. El constante incremento demográfico en todo el mundo aumenta el impacto humano sobre el conjunto del planeta. El resultado es un conflicto geopolítico creciente.

Habitualmente se considera a Thomas Malthus un falso profeta que fue incapaz de apreciar el poder de la inventiva humana en la superación de la escasez. En realidad, Malthus enunció una verdad prohibida. Al igual que otros animales, los humanos pueden desbordar la capacidad productiva de su entorno. Cuando esto sucede, la hambruna, las plagas o la guerra reducirán su número. No ha habido época en la historia en que esta verdad haya sido más evidente. Como ha escrito Robert Kaplan:

> Malthus —el primer filósofo en centrarse en los efectos políticos de los suelos pobres, la hambruna, la enfermedad y la calidad de vida de los indigentes— resulta irritante porque ha definido el debate más importante de la primera mitad del siglo xx. En los años venideros, conforme la población humana vaya pasando de los 6.000 millones de habitantes a los 10.000 millones, cifra en la que debería estabilizarse según las predicciones, el medio ambiente planetario se verá sometido a una prueba más dura que ninguna otra prueba anterior —con 1.000 millones de personas abocadas a la hambruna y a la violencia crónicas en las partes pobres del globo (una violencia tanto política como común)—, y la palabra malthusiano se escuchará con frecuencia creciente.[6]

6. Robert D. Kaplan, *Warrior Politics: Why Leadership Demands a Pagan Ethos*, Nueva York, Random House, 2002, págs. 93-94. Para un provechoso debate sobre Malthus, véase Donald Winch, *Malthus*, Oxford y Nueva York, Oxford University Press, 1987.

Tanto para los marxistas como para los neoliberales, no es posible que se produzca jamás un exceso de población.[7] Y sin embargo, los países pobres saben que existe un desequilibrio entre el crecimiento de las poblaciones y la escasez de recursos. China, Egipto, Irán e India tienen políticas demográficas. Los esfuerzos que realizan para controlar su cifra demográfica son considerados con indiferencia u hostilidad en Occidente. Es natural. ¿Qué podría resultar más conveniente para Occidente que un mundo en el que abunde la mano de obra barata? Recordemos el sarcasmo de Voltaire: «El confort del rico depende de un abundante suministro de pobres».[8]

El confort del rico tiene un precio. La fertilidad está descendiendo en Europa y Japón, y en la Rusia europea se ha reducido casi a cero. Sin embargo, en otros lugares del mundo las cifras de la población humana están creciendo rápidamente. La teoría de la transición demográfica nos dice que el crecimiento de la población disminuye como consecuencia indirecta del incremento de la prosperidad. Como es habitual, esta explicación económica no tiene en cuenta los factores culturales. En casi todos los países, no es la opulencia lo que disminuye el crecimiento de la población. Es el control que ejercen las mujeres sobre su fertilidad. Allí donde la contracepción y el aborto son posibilidades accesi-

7. Engels concedía que la superpoblación podría convertirse algún día en un problema, pero creía que el comunismo lo resolvería. No consiguió dejar claro en qué consistiría la solución.

8. Citado por G. Binney, «The Petro-Population Parallel», *Journal of the Optimum Population Trust*, vol. 2, nº 1, abril de 2002, pág. 8.

bles, las cifras demográficas se estabilizan, para posteriormente descender. Allí donde se desincentivan estas prácticas no se registra esta transición demográfica. En tales circunstancias, la agitación geopolítica es inevitable.

En ningún otro lugar se aprecia esto con mayor claridad que en el Golfo Pérsico, donde los valores tradicionales y el creciente poder del islam radical niegan el acceso a la contracepción. Cuando los ingresos crecían en la región, la población aumentaba con rapidez. Ahora que están descendiendo, la demografía sigue elevándose exactamente a la misma velocidad. En la actualidad, el período en que se duplican las poblaciones del Golfo Pérsico se sitúa en torno a los veinte años.[9]

Los países del Golfo no se están muriendo de hambre. Sin embargo, en el plazo de una generación deberán enfrentarse a una crisis malthusiana en la que el incremento de las necesidades humanas tropezará con la mengua de los recursos naturales. Son economías rentistas que descansan sobre un único producto que se agota. Durante el período vital de las personas que ahora son adultos jóvenes, las reservas de petróleo del Golfo alcanzarán su cifra máxima. En ese instante, cabe esperar que la población también alcance su punto culminante.[10]

9. Para una encuesta sobre las tendencias demográficas en el Golfo, véase Anthony H. Cordesman, «Demographics and the Coming Youth Explosion in the Gulf», publicada por el Centro para la Estrategia y los Estudios Internacionales, Washington, DC, 1998.

10. Para un examen del vínculo general entre la utilización del petróleo y el crecimiento de la población, véase G. Binney, *op. cit.*, y Walter Younquist, «The Post-Petroleum Paradigm —and Population», *Population and Environment: A Journal of Interdisciplinary*

Las crecientes poblaciones del Golfo precisan que los precios del petróleo sean elevados o crecientes. Los Estados Unidos, Europa, Japón, India y China necesitan que los precios del petróleo sean estables o decrecientes. En sí mismo, éste podría ser un conflicto manejable, pero coincide con un agudo brote de fundamentalismo. La creciente población y los ingresos menguantes están impulsando movimientos antioccidentales. No es fácil considerar la existencia de un escenario en el que estos conflictos puedan resolverse de forma pacífica.

La situación es aún más difícil en Arabia Saudí. Según algunas estimaciones, los ingresos *per capita* en ese país han descendido un 75 % a lo largo de los últimos veinte años. Esto se debe en parte al descenso de los precios del petróleo, pero el factor más importante es el relacionado con el crecimiento de la población. Cuando la población se duplique en el transcurso de los próximos veinte años, los ingresos *per capita* podrían descender una vez más de manera similar. En el momento presente, casi el 50 % de los saudíes tiene menos de 15 años. Una gran cantidad de varones jóvenes se enfrenta al desempleo. La mayoría de ellos han sido educados para mirar con profunda suspicacia a Occidente. La combinación de una población en expansión y unos niveles de vida en declive con un sistema educativo fundamentalista hace que el régimen saudí sea intrínsecamente inestable.

La situación del Golfo representa un cambio global. En los países islámicos el crecimiento de la pobla-

---

Studies, vol. 20, nº 4, marzo de 1999. Véase también C. J. Campbell, *The Coming Oil Crisis*, Brentwood, Essex, Multi-Science Publishing Company and Petroconsultants S. A., s. f., págs. 159-160.

ción es elevado. Esta tendencia podría acelerarse como consecuencia del diferente impacto del sida.

Los devastadores efectos que está teniendo el sida en África central y meridional parecen estar a punto de repetirse en Rusia, donde se hallan presentes casi todos los factores que favorecen su rápida transmisión —elevados niveles de promiscuidad y prostitución, consumo pandémico e intravenoso de drogas y unos servicios médicos mediocres—. La población de la Rusia europea se verá más que diezmada. Unos cuantos años después, es probable que India y China padezcan una mortandad similar.

La situación de los países islámicos parece notablemente diferente. En la medida en que sus represivos códigos sexuales logran imponerse en la práctica, estas sociedades cierran una de las vías clave que permite la difusión del sida. A este respecto, las culturas islámicas —en particular las más puritanas— podrían tener una ventaja sobre la mayor parte de las demás culturas. De ser ése el caso, la enfermedad epidémica reaparecerá como una de las fuerzas que configuran la historia.[11]

En términos de población global, el impacto del sida es pequeño. Incluso en las previsiones más conservadoras, la población mundial humana aumentará aproximadamente en 2.000 millones de almas en los próximos cincuenta años. Al mismo tiempo, la industrialización está extendiéndose con rapidez. Y una de las con-

11. Para un estudio sobre el papel esencial de la enfermedad en la historia, véase William McNeill, *Plagues and Peoples*, Hardmondsworth, Penguin, 1979 (trad. cast.: *Plagas y pueblos*, Madrid, Siglo XXI, 1984), y M. B. A. Oldstone, *Viruses, Plagues and History*, Oxford, Oxford University Press, 1998.

secuencias es un consumo de energía mucho mayor en todo el mundo.

En Occidente, apenas se reconocen los riesgos geopolíticos que acompañan al creciente consumo global de energía. En China se comprenden bien estos riesgos. Durante las próximas dos décadas, China se unirá a los Estados Unidos y a Japón, y se convertirá en uno de los mayores importadores de petróleo del mundo.[12] Las tensiones que esto generará han sido resumidas por el profesor Ji Guoxing, director del Instituto de Estudios Estratégicos de Shanghai:

> El saldo energético mundial no resulta prometedor, y las perspectivas de suministro de petróleo en los mercados mundiales no son optimistas. La producción mundial de petróleo comenzará a decaer antes del año 2010, antes de lo que la mayoría de la gente cree, y los precios del petróleo crecerán entonces en términos reales. Se ha predicho que en torno al año 2010 parece seguro que habrá de producirse una permanente escasez de petróleo de alcance global. A diferencia de anteriores conmociones, no será una breve interrupción del suministro, sino que anunciará una discontinuidad histórica de profundas implicaciones tanto para la industria petrolífera como para los consumidores de petróleo [...]. Los puntos de vista que sostienen tradicionalmente los círculos económicos, y según los cuales «mientras haya demanda, habrá suministro», y «tal vez el mundo no se quede nunca sin petróleo», son peli-

12. Según la Administración para la Información Energética de los Estados Unidos, se prevé que, hacia el año 2020, China importe el 70 % de su petróleo y el 50 % de su gas. Véase Richard Sokolsky, Angela Rabasca y C. R. Neu, *The Role of Southeast Asia in US Strategy Towards China*, Rand Document, 2000, pág. 22.

grosos e incompatibles con la verdad [...]. Los economistas afirman que la subida de los precios activará in-
definidamente las reservas de petróleo, ya que generará incentivos para la producción. Esto era cierto en los
años setenta, cuando el control de precios desincenti-
vaba la producción, pero puede no serlo después del
año 2010, cuando las reservas viables comiencen a de-
clinar [...]. El efecto de las rivalidades y las tensiones
energéticas podría fácilmente tener consecuencias de-
sestabilizadoras en el plano internacional y regional.[13]

Los economistas discutirán esta afirmación. Sosten-
drán que si se permite operar al mecanismo de precios,
una nueva tecnología vendrá a desplazar al petróleo como
principal fuente de energía de las economías industriales, haciendo que la escasez natural sea irrelevante.

Dos hechos impiden este feliz desenlace. En primer
lugar, la tecnología no puede revocar las leyes de la ter-
modinámica. El hecho de que el mercado dicte los precios puede aumentar los ingresos económicos a medida
que el petróleo se vaya haciendo más escaso, pero sólo
hasta cierto punto. Cuando los costes energéticos de la
extracción de petróleo excedan a la energía producida
de este modo, ningún precio puede hacer que el proceso resulte rentable. No hay nada que pueda hacerse a
este respecto. Es una consecuencia del dato universal
de la entropía.[14]

13. J. I. Guoxing, «Energy Security: A View From China»,
PacNet, nº 25 de junio de 1999.

14. Para una fascinante exploración del impacto de la entropía
en la vida económica, véase Nicholas Georgescu-Roegen, *The En-
tropy Law and the Economic Process*, Cambridge, Mass., y Londres,
Harvard University Press, 1971.

El petróleo es un don del sol. Acumulados hace miles de millones de años, los yacimientos hallados en el globo terráqueo se encuentran hoy próximos a su cifra máxima. Es cierto que durante los últimos setenta años las nuevas tecnologías han permitido encontrar continuamente nuevas reservas de hidrocarburos, incluyendo el gas natural. Las reservas de petróleo se han visto ampliadas por medio de profundas exploraciones submarinas, o por la realización de perforaciones bajo el hielo polar. Sin embargo, llegará un momento en que la energía que contengan los hidrocarburos disponibles sea de una calidad excesivamente baja para que merezca la pena extraerlos. A pesar de todos los avances técnicos, estos recursos son inevitablemente finitos.

El segundo hecho que se opone a una solución técnica de la escasez de energía es la urgencia de las necesidades humanas. El agotamiento del petróleo tal vez no sea un peligro inminente, pero en tan sólo unas cuantas décadas podría ser una realidad.[15] Las modernas sociedades industriales funcionan a base de hidrocarburos. La agricultura intensiva es la extracción de alimentos del petróleo. Cuando consideran el porvenir, los gobiernos saben que la supervivencia económica puede depender del control de las reservas de petróleo. El temor que les inspira esta perspectiva es lo que se encuentra detrás de los brotes de conflicto en el Golfo, en la cuenca del Caspio y en el mar del Sur de China. Este temor explica también el creciente interés de los Esta-

15. Para un examen serio sobre el agotamiento del petróleo realizado por un geólogo con larga experiencia en la industria petrolífera, véase Kenneth S. Deffeyes, *Hubbert's Peak: The Impending World Oil Shortage*, Princeton y Oxford, Princeton University Press, 2001.

dos Unidos por África, donde existen considerables reservas de petróleo.

Cuando lo que está en juego son las necesidades de la vida, los humanos no esperan a que actúe la innovación técnica o el mercado. Exigirán —y obtendrán— una acción política. El mecanismo de asignación de precios es un producto del poder estatal. Únicamente opera si el Estado está intacto. Cuando la escasez alcanza un grado en el que amenaza la subsistencia, el sistema que permite al mercado dictar los precios se derrumba. El Estado se convierte en un instrumento para el racionamiento o la conquista.

La creciente escasez de recursos sería peligrosa incluso en el caso de que el entorno global fuera estable. Y en realidad es cada vez más inestable. Los riesgos geopolíticos derivados de la escasez de recursos se están viendo agravados por el cambio climático.

La tecnología puede prolongar la duración de los recursos naturales, pero no puede detener el cambio climático. Parcialmente provocado por las pasadas emisiones de gases con efecto invernadero, el cambio climático es un proceso que ya no es posible detener. En la medida en que ha sido causado por el hombre, el calentamiento global es un subproducto de la industrialización mundial. El surgimiento de China e India como potencias industriales acelerará unos cambios climáticos que son ya irreversibles.[16]

A lo largo del naciente siglo, muy bien pudiera suceder que el calentamiento global superase a la escasez

---

16. Para un estudio serio del calentamiento global, véase James Lovelock, *Gaia: The Practical Science of Planetary Medicine*, Londres, Gaia Books, 2000.

de los suministros energéticos como fuente de conflicto geopolítico. En algunas zonas, esto significa desertización, y en otras, inundaciones. Es probable que la producción de alimentos se vea trastornada. Los países costeros con una elevada densidad de población como Bangladesh podrían quedar inundados. Estos cambios en el paisaje físico desencadenarán vastos movimientos de población, ya que la gente tratará de huir hacia zonas seguras.

A finales de los años noventa, los grandes flujos de personas procedentes de regiones devastadas por la guerra, por el desmoronamiento de un Estado o por una catástrofe ecológica generaron agudas controversias políticas en muchos de los Estados ricos y bien gobernados del mundo. Estos buscadores de asilo y estos refugiados económicos prueban la existencia de una contradicción fundamental en el mercado libre global.

En una época de globalización anterior, entre el año 1870 y el estallido de la Primera Guerra Mundial, la libre circulación de capital iba acompañada de libertad de migración. En Europa, sólo Rusia y Turquía exigían pasaporte para entrar en el país. La globalización de finales del siglo xx es diferente. El libre flujo de los capitales coexiste con la imposición de severas restricciones a la circulación de personas. A finales de los noventa, esta combinación condujo a una inmigración ilegal a gran escala.

Este contraste entre las dos épocas de globalización se explica en razón de los cambios políticos, algunos de los cuales resultaban altamente deseables. A finales del siglo xix, la democracia era bastante limitada en la mayoría de los países europeos y sus colonias, el Estado del bienestar no existía y los sindicatos eran débiles. Al final del siglo XX, la democracia aparecía arraigada en toda Europa, y lo mismo sucedía con los sindicatos y el Estado del bienestar. En estas circunstancias, resulta fácil percibir a los inmigrantes como una amenaza. Los políticos han reaccionado proponiendo restricciones cada vez más severas al movimiento de las personas.

La democracia tiene numerosas ventajas, pero en una época de globalización acarrea algunas consecuencias molestas. En algunos países europeos, los partidos de extrema derecha han logrado condicionar con éxito la agenda política, o incluso han entrado a formar parte de los gobiernos nacionales, actuando sobre los temores racistas de los votantes. Incluso en aquellos lugares en los que la extrema derecha no constituye una fuerza política importante, la competencia entre los principales partidos ha dado como resultado políticas que frenan el flujo de personas. Una de las repercusiones de los ataques sobre Washington y Nueva York ha sido la de intensificar las restricciones impuestas al libre movimiento de las personas.

La tensión entre la libre circulación del capital y las restricciones que pesan sobre los movimientos de las personas no puede sino agudizarse por efecto del cambio climático. Los pobres que traten de emigrar de aquellas zonas del mundo que hayan sufrido alguna catástrofe encontrarán la salida bloqueada. Los países provistos de gobiernos fuertes utilizarán el poder del Estado para levantar barreras que contengan los flujos de personas.

En los comienzos del siglo XXI, la pauta seguida por el conflicto global se halla configurada por el crecimiento de la población, la reducción de los suministros energéticos y el irreversible cambio climático. Unidas a las enemistades étnicas y religiosas y al desmoronamiento o la corrosión del Estado en muchos lugares del mundo, estas fuerzas están cambiando la naturaleza de la guerra.

6

LA METAMORFOSIS DE LA GUERRA

> Si nos remontamos al nacimiento de las naciones, si descendemos hasta nuestra propia época, si examinamos a los pueblos en todas las condiciones posibles, desde el estado de barbarie hasta el de más avanzada civilización, siempre encontramos la guerra.
>
> JOSEPH DE MAISTRE[1]

El mundo medieval reconocía muchas autoridades, ninguna de ellas absoluta. El Tratado de Westfalia introdujo un actor nuevo en el derecho de las naciones: el Estado soberano, cuya autoridad, dentro de sus propias fronteras, es ilimitada. Con la invención del Estado moderno, la autoridad quedó ubicada por primera vez en una única institución. Al mismo tiempo, el Estado reclamó el monopolio legal de la violencia organizada, y la guerra entre Estados llegó a entenderse como el modelo que abarcaba todos los tipos de conflicto militar.[2]

Para Carl von Clausewitz, un oficial prusiano que fundamentó la teoría moderna de la guerra en los mo-

1. Joseph de Maistre, *Considerations on France*, Cambridge, Cambridge University Press, 1994, pág. 27 (trad. cast.: *Consideraciones sobre Francia*, Madrid, Tecnos, 1990).

2. Sobre los orígenes de la guerra moderna, véase el espléndido libro de Martin van Creveld *On Future War*, Londres y Nueva York, Brassey's, 1991, págs. 49-50.

mentos de pausa que halló entre el servicio militar activo, el final de las guerras napoleónicas y la Paz de Viena de 1815, la guerra era sinónimo de conflicto armado entre Estados. La pauta de violencia organizada que predominaba con anterioridad a 1648 era irrelevante. En la práctica, el monopolio estatal de la violencia estaba lejos de ser total, ya que ni siquiera lo era en la Europa de 1832, época en que se publicó el tratado de Von Clausewitz titulado *De la guerra*.[3] En muchos países europeos, el mandato del Estado no tenía un gran alcance. La mayoría de los gobiernos europeos no poseyó el efectivo monopolio de la fuerza hasta después de la Primera Guerra Mundial. Aun así, Von Clausewitz estaba en lo cierto al entender el futuro de la guerra en términos de conflictos entre Estados. Desde las guerras napoleónicas hasta el derrumbamiento soviético, los conflictos armados que devastaron Europa y el mundo fueron en su mayor parte duelos entre gobiernos.

Von Clausewitz fue un pensador de poderosa influencia, no sólo en el campo de la estrategia militar, sino también en el de la teoría social. Max Weber le siguió al pensar que el monopolio de la violencia organizada es el poder que define al Estado moderno. Para Weber, la expansión del Estado moderno formaba parte de la difusión de las formas racionales de pensamiento que promovía la ciencia.

En la última década del siglo XX, este punto de vista weberiano sobre el Estado quedó, al menos en parte, obsoleto. En muchos lugares del mundo el monopolio

3. Véase C. von Clausewitz, *On War*, edición a cargo de M. Howard y P. Paret, Princeton, Nueva Jersey, Princeton University Press, 1989 (trad. cast.: *De la guerra*, Barcelona, Idea Books, 1999).

estatal de la violencia se había quebrado. Existía el peligro de que las armas de destrucción masiva quedasen fuera del control de los gobiernos. La difusión de la ciencia y de la tecnología no había hecho progresar a los Estados modernos. Había producido un nuevo tipo de guerra, un tipo que ni Weber ni Von Clausewitz previeron.

En Oriente Próximo y en los Balcanes, en Cachemira y Afganistán, así como en otras zonas de conflicto, no son sólo los Estados y sus instituciones quienes emprenden la guerra. Entre los protagonistas, han adquirido gran importancia las organizaciones políticas, las milicias irregulares y las redes fundamentalistas que no están sujetas al control de ningún Estado. No obstante, esto no significa que la guerra tal como fuera concebida por Von Clausewitz haya desaparecido. La Guerra de las islas Malvinas y la Guerra del Golfo han sido guerras entre Estados. En el futuro, no resulta inconcebible que las grandes potencias vuelvan a guerrear unas contra otras. Pero en la actualidad muchos de los más irresolubles conflictos son guerras de carácter posclausewitziano.

La guerra no convencional que incluye entre sus objetivos al personal de los gobiernos y a las poblaciones civiles ha sido puesta en práctica en Vietnam, Angola, Malasia, Irlanda del Norte, el País Vasco, Sri Lanka, Israel o Argelia, así como en otros muchos lugares. Lo que resulta nuevo en el tipo de guerra no convencional que surgió en la década de los noventa es el hecho de que se haya desarrollado en el contexto de Estados erosionados o desmoronados.

Los pensadores políticos han descuidado la cuestión del derrumbamiento del Estado en muchas partes del mundo.[4] Y sin embargo es un hecho que cientos de millones de personas están viviendo en condiciones de semianarquía. En gran parte de África, en algunas zonas de la Rusia poscomunista, en Afganistán y Pakistán, en países latinoamericanos como Colombia y Haití, así como en regiones de Europa como Bosnia y Kosovo, Chechenia y Albania, no hay nada que se parezca a un Estado moderno y eficaz.

En estos países, la cuestión no estriba tanto en el hecho de que la guerra civil haya dejado debilitado al Estado como en que los Estados en descomposición se hayan convertido en la norma. En esta semianarquía, los protagonistas del conflicto armado cambian y se dividen continuamente, formando nuevas alianzas y granjeándose enemigos nuevos. Sencillamente, no es posible declarar la paz. En caso de que ésta pueda lograrse, se trata únicamente de un precario equilibrio de fuerzas, un equilibrio susceptible de venirse abajo en cualquier momento.

La guerra no convencional del tipo que practica Al Qaeda encuentra su caldo de cultivo en las zonas de anarquía que segregan los Estados que fracasan, pero también encuentra otros modos de prosperar en la debilidad del Estado. Si el capital se ha vuelto global, lo mismo ha ocurrido con el delito. Prácticamente en todas partes, los ejércitos irregulares y las organizaciones

4. Examino las implicaciones que tiene para el pensamiento político liberal la existencia de Estados que se desmoronan en mi libro *Two Faces of Liberalism* (2000), Londres y Nueva York, Polity Press y The New Press, 2002, págs. 131-133 (trad. cast.: *Las dos caras del liberalismo: una nueva interpretación de la tolerancia liberal*, Barcelona, Paidós, 2001, págs. 150-154).

políticas que practican las nuevas formas de guerra se hallan vinculados con la economía delictiva global. Parte de la financiación de muchas organizaciones terroristas depende del delito, en particular del comercio ilegal de drogas. Con la globalización, estas organizaciones son capaces de desplazar libremente por todo el mundo el dinero que adquieren valiéndose de estos recursos. Al Qaeda ha sacado partido de esta libertad.[5]

La debilidad del Estado es en parte consecuencia de una política deliberada. En los dinámicos años de la década de los noventa, el poder del Estado fue considerado como un residuo de colectivismo. Se promovió una reducción del papel del gobierno, concibiéndola como una condición vital para la «reforma del mercado». En la práctica, el desmantelamiento de los controles sobre el flujo de capitales creó un capitalismo de casino en el que las economías de países como Tailandia e Indonesia se vieron arruinadas por grandes y repentinos flujos de capital especulativo. Al mismo tiempo, la libertad de los flujos de capital, libres del control político, generó un vasto fondo de riqueza en paraísos fiscales en los que los recursos de las organizaciones terroristas consiguen desvanecerse sin dejar rastro.

La acometida contra el Estado a la que asistimos durante la década de los noventa también promovió el terrorismo de otro modo. Cuando el Estado soviético se desmembró, muchos miles de científicos que investigaban en el vasto campo de la industria militar cayeron en el desempleo o se vieron destituidos. Cuando estas

5. Para un examen de la globalización del crimen organizado, véase Manuel Castells, *Fin de milenio* (*La era de la información,* vol. 3), Madrid, Alianza, 1999.

víctimas de una transición chapucera se pusieron a luchar para mantenerse a flote, las armas y la información pasaron a manos de las mafias criminales. Si hoy existe un mayor riesgo de que los terroristas utilicen armas de destrucción masiva, es en parte como consecuencia de las políticas impuestas por los gobiernos occidentales a la Rusia poscomunista, unas políticas que agravaron la debilidad de un Estado ya previamente quebrantado.

El terrorismo prospera con la debilidad de los Estados. Esto no quiere decir que los Estados no lo hayan apadrinado en modo alguno. Supuestamente, los vínculos entre los gobiernos y los terroristas son indescifrables. Pero, a pesar de ello, se sabe que países como Somalia, Sudán y Guinea Bissau han permitido que Al Qaeda encuentre refugio en ellos. Los departamentos de las agencias de inteligencia de Pakistán parecen haber descubierto que el régimen talibán que proporcionaba amparo a Al Qaeda en Afganistán pudo haber sido tramado en gran medida gracias a aportaciones económicas saudíes.

A pesar de estos vínculos, Al Qaeda no es el instrumento de ningún gobierno. Ninguna administración tiene excesiva influencia en sus actividades. Debido en parte a esta razón, ha sido durante mucho tiempo objeto de sospecha para Estados como Iraq.[6]

Hoy, tal como sucediera en el pasado, la mayor parte del terrorismo, por su alcance y sus objetivos, opera en los planos nacional o regional. Pese a que sus recur-

---

6. Para el estudio más detallado y de mayor autoridad que se ha publicado hasta la fecha sobre Al Qaeda, véase el soberbio libro de Rohan Gunaratna, *Inside Al Qaeda, Global Network of Terror*, Londres, Hurst and Company, 2002.

sos económicos estén dispersos por todo el mundo, organizaciones como ETA en el País Vasco, el IRA en el Ulster, los Tigres Tamiles en Sri Lanka y la OLP en Gaza mantienen sus bases en uno o muy pocos países. Además, sus objetivos son locales.

Por el contrario, Al Qaeda realiza actividades de alcance global. Tiene una probada capacidad para atacar en cualquier parte del mundo. Esto no quiere decir que los objetivos estratégicos de Al Qaeda tengan un carácter esencialmente global. Su objetivo estratégico ha sido siempre más concreto y limitado: el derrocamiento de la Casa Saudí. No obstante, al procurar la consecución de ese objetivo regional, se ha visto arrastrada a un conflicto de alcance mundial con la potencia estadounidense.

Al Qaeda conoce muy bien la vulnerabilidad de las sociedades industriales occidentales. Al destruir el régimen saudí, expulsará a los infieles de tierra sagrada. Al adquirir el control del petróleo saudí, sometería a chantaje al mundo industrializado. La lógica de sus objetivos estratégicos exige que su alcance tenga dimensiones mundiales.

«Al Qaeda es una organización esencialmente moderna.»[7] Es moderna no sólo por el hecho de usar teléfonos vía satélite, ordenadores portátiles y portales codificados en la red. El ataque contra las torres gemelas demuestra que Al Qaeda entiende que las guerras del siglo XXI son pugilatos espectaculares en los que la difusión mediática de las imágenes constituye una estrategia capital. El hecho de que utilice la televisión por satélite para movilizar sus apoyos en los países musulmanes forma parte de esta estrategia.

7. Gunaratna, *op. cit.*, pág. 11.

Al Qaeda no sólo es moderna por utilizar tecnologías de la comunicación. También lo es por su organización. Al Qaeda se parece menos a las centralizadas estructuras de comandos de los partidos revolucionarios del siglo xx que a las estructuras celulares de los cárteles de la droga y de las extensas redes de las corporaciones de negocios virtuales. Carente de paradero fijo y con miembros activos procedentes de prácticamente todas las partes del mundo, Al Qaeda es «una multinacional global».[8]

Los orígenes de Al Qaeda («La Base») se encuentran en la Guerra Fría. Surgió a finales de la década de los ochenta durante la lucha que orquestaron, contra la invasión soviética de Afganistán, los Estados Unidos, Arabia Saudí y algunos gobiernos europeos. Tomando como base las estructuras operativas que heredó de esa época, se convirtió en la primera organización en practicar la guerra no convencional y en realizar operaciones de alcance realmente mundial. Al Qaeda es «la primera organización terrorista multinacional con capacidad para operar desde Latinoamérica hasta Japón, pasando por todos los continentes que se sitúan entre uno y otro confín. A diferencia de los terroristas de las décadas de los setenta y los ochenta, Al Qaeda no se ciñe a una jurisdicción territorial —el escenario de su respaldo, así como sus operaciones, es global—. En vez de resistirse a la globalización, sus fuerzas están siendo aprovechadas por los grupos islámicos contemporáneos, que constantemente buscan por todo el mundo nuevas bases y nuevos objetivos».[9]

8. *Ibid.*, pág. 96.
9. *Ibid.*, pág. 11.

La ideología de Al Qaeda es un característico híbrido moderno. Pese a que afirmen ser los exponentes de una tradición indígena, sus fundadores han reinterpretado el islam a la luz del pensamiento occidental contemporáneo. En la Universidad Rey Abdul Aziz de Jiddah, Osama bin Laden tuvo como profesor de estudios islámicos a Muhammad Qutb, hermano de Sayyid Qutb, el ideólogo que en mayor medida ha contribuido a la invención del islam radical. Pese a ser en algunos aspectos más moderado que su hermano, Muhammad Qutb compartía no obstante con él la creencia de que Occidente padecía una «gran hambruna espiritual». Transmitió esta convicción a Osama bin Laden.[10]

Sabemos menos del carácter de Osama bin Laden de lo que normalmente se cree. Nació en Riad, Arabia Saudí, y pese a ser el decimoséptimo hijo varón de una familia de cuatro esposas y numerosas concubinas que contaba con cincuenta y dos hijos, Osama era el único hijo varón de su madre. Su padre —un acaudalado empresario especializado en grandes proyectos de construcción— era originario de Hadramaut, una región del protectorado de Adén, hoy República de Yemen, que durante mucho tiempo ha estado involucrada en el comercio internacional. Su madre era siria, y su marido se divorció de ella poco después del nacimiento de Osama. Se dice que Osama estaba resentido por la baja posición social que la familia otorgó a su madre, y por consiguiente a él. También se dice que, criado en el lujo, Bin Laden llevó una vida de don Juan en su juventud, disfrutando de las libertades del Líbano mientras estudiaba y adquiría «un llamativo mercedes SL 450 de

10. Ruthven, *op. cit.*, pág. 199.

color amarillo, con interiores en ocre, aire acondiciona-
do, control automático de velocidad y elevalunas eléc-
tricos».[11]

La exactitud de estos informes resulta difícil de valorar. Lo que parece razonablemente claro es que, al
igual que Sayyid Qutb y otros muchos islamistas radicales, Bin Laden reaccionó enérgicamente contra el he-
donismo y el individualismo de la vida occidental. Él,
que había vivido durante algún tiempo en la cultura re-
lativamente occidentalizada del Líbano, incubó un desprecio hacia los valores laicos. A su regreso a Arabia
Saudí, parece que Bin Laden experimentó algo similar
a una experiencia de conversión, lo que le hizo volver a
abrazar el islam. No se convirtió por ello en un intelectual islamista. Desde el principio concibió en términos
militares la lucha contra Occidente. El hombre a quien
normalmente se identifica con Al Qaeda no fue su crea-
dor. Su contribución fue la de un organizador y un tác-
tico. Tal como ha escrito Gunaratna: «[Bin Laden] no
es un pensador original, sino un oportunista; en el fondo es un hombre de negocios que se rodea de un buen
equipo, lo dirige bien, pero toma prestadas de otros
muchas cosas».[12]

El pensador que mejor dio forma a las opiniones de
Bin Laden, y que redactó los estatutos fundadores de Al
Qaeda entre 1987 y 1988, fue el doctor Abdallah Azzam. Jordano-palestino y doctor en jurisprudencia islámica, Azzam es «el más influyente de todos los prototipos del moderno movimiento yihadista»[13] y uno de los

11. *Ibid.*, 197.
12. Gunaratna, *op. cit.*, pág. 23.
13. Ruthven, *op. cit.*, pág. 202.

artífices de Hamas. La influencia de Abdallah Azzam contribuyó decisivamente a que Bin Laden estableciera la Oficina de Servicios Afgana, una organización que ayudaba a los *muyahidin* de Afganistán. Azzam y Bin Laden fueron figuras fundamentales en la lucha contra la ocupación soviética de Afganistán. Bin Laden abandonó Arabia Saudí a las pocas semanas de la invasión soviética de diciembre de 1979, uniéndose a los jefes de la *yihad* antisoviética de una coalición multinacional organizada por la CIA y que incluía a Gran Bretaña, Arabia Saudí, China y varios otros países. Durante muchos años, Azzam fue el mentor intelectual de Bin Laden, pero se enemistaron por cuestiones de estrategia. En 1989, Azzam murió en un atentado que también acabó con la vida de sus dos hijos, un asesinato en el que se implicó a Bin Laden.[14]

Tal como Azzam la elaborara, la ideología de Al Qaeda es una construcción sumamente sincrética. Azzam tomó de Qutb la idea de vanguardia revolucionaria —un concepto cuya filiación está más próxima a la ideología bolchevique que a cualquier fuente islámica—. Su ataque al racionalismo contiene ecos de Nietzsche. Las modernas influencias occidentales se funden con temas islámicos.

El régimen talibán —un régimen sobre el que Bin Laden ejerció una considerable influencia debido a la amistad que mantenía con su dirigente, el mulá Omar— proporcionó una muestra de lo que podía ser la ideología de Al Qaeda en acción. Se obligó a las mujeres a abandonar el trabajo y los estudios. Se castigaba la homosexualidad con la pena de entierro bajo un muro de

14. Gunaratna, *op. cit.*, págs. 17-22.

ladrillos de un grosor de 4,5 metros. Este tipo de medidas se suelen calificar de medievales, pero los talibán tenían más en común con Pol Pot. Cuando en marzo de 2000, y espoleados por Bin Laden, los talibán dispararon fuego de mortero contra las antiguas estatuas de Buda en Bamiyán, su propósito era destruir un tesoro que había sobrevivido a muchos regímenes tradicionales.[15]

Al Qaeda es una red lo suficientemente flexible como para sobrevivir y operar de forma adecuada en caso de que su dirigente muera o quede incapacitado. Lo que no quiere decir que no pueda ser desactivada. Su estructura tal vez sea comparable a la de Internet, como se afirma con frecuencia, pero en tal caso es vulnerable. Internet es un sistema que se apiña en torno a un pequeño número de servidores. Si éstos se desactivan, el sistema falla. Lo mismo puede ocurrir con Al Qaeda.

No podemos saber qué grado de deterioro ha encajado Al Qaeda como consecuencia de la «guerra contra el terrorismo» capitaneada por los Estados Unidos. Lo que parece claro es que posee una formidable capacidad de autorregeneración. Una de las razones de esta capacidad reside en el hecho de que su estructura constituye un reflejo de las formas sociales que convencionalmente se consideran premodernas.

Al Qaeda se organiza según el modelo de una vasta familia. Al utilizar los lazos de confianza que mantienen unidas a las familias puede hacer considerable uso de sistemas bancarios no oficiales (*hawala*) que tienen un radio de acción global y cuyas operaciones son imposibles de rastrear. Su estructura de clan hace que resulte extremadamente difícil penetrar en la organización. El

15. *Ibid.*, págs. 43 y 49.

profundo compromiso que fomenta la estructura familiar de Al Qaeda le permite organizar misiones que requieran un largo período de gestación, como los ataques a las embajadas estadounidenses situadas en África, que estuvieron precedidos por años de paciente preparación.

Los «valores premodernos» de Al Qaeda le permiten operar muy eficazmente en las condiciones que imperan en la globalización. En realidad, por supuesto, no se trata de una organización premoderna. Los valores individualistas aparecen en Inglaterra, Escocia y los Estados Unidos durante la época moderna, pero únicamente constituyen uno de los hilos del complejo entramado de actitudes y prácticas que permitieron a estas sociedades acceder a la modernidad. En el caso escocés, el capitalismo moderno se hallaba arraigado en las amplias redes familiares; el alcance global de los aventureros y los comerciantes escoceses se hizo posible gracias a la perpetuación de las tradiciones familiares. Incluso en el caso de los ejemplos inglés y estadounidense, el capitalismo moderno puede que se haya desarrollado a partir de una forma de identidad colectiva —el nacionalismo—. Ésta parece ser una clara posibilidad en el caso de la Alemania imperial, que ciertamente era una sociedad moderna, pese a que nunca se haya mostrado inequívocamente comprometida con los valores individuales. No se puede considerar que modernidad equivalga a surgimiento del individualismo. Siempre ha existido, incluso en los feudos occidentales de la modernidad, más de una forma de ser moderno.[16]

16. Para un revelador debate sobre el papel que desempeñan las redes familiares en el capitalismo mercantil escocés, véase Neal

A veces se ha afirmado que Al Qaeda no difiere demasiado de los movimientos terroristas del pasado, como el de los insurgentes comunistas que fue derrotado por los británicos en Malasia en los años cincuenta. Desde este punto de vista, la respuesta adecuada al 11 de septiembre no consiste en prepararse para librar una guerra. La respuesta al terrorismo radicaría más bien en una cierta forma de acción policial. A pesar de sus impresionantes credenciales,[17] este parecer es erróneo.

Los ataques del 11 de septiembre fueron sin duda actos de terror, pero no actos de terrorismo corriente. Demostraron que la guerra no convencional había alcanzado un grado que la elevaba a un plano global. Por el contrario, los comunistas malayos constituían un peligro en Malasia, pero no pasaron de ser una fuerza local. Nunca trataron de realizar una campaña terrorista en Gran Bretaña. Pese al hecho de que la mayor parte de los combates tuvieron lugar en plena selva, los insurgentes se hallaban concentrados en un territorio sujeto a un elevado grado de control por parte del Estado británico. Al Qaeda es una red mundial, y posee puestos avanzados en regiones que no controla ningún Estado.

Los ataques contra Nueva York y Washington fueron actos de guerra —pero no de una guerra de carácter

---

Ascherson, *Stone Voices: The Search for Scotland*, Londres y Nueva York, Granta, 2002. Para el argumento de que el capitalismo moderno se desarrolló sobre la base del nacionalismo, véase Liah Greenfeld, *op. cit*.

17. El argumento contra la declaración de guerra de los Estados Unidos tras el 11 de septiembre fue presentado el 29 de enero de 2002 en una conferencia por el historiador militar británico sir Michael Howard: «September 11 and After: Reflections on the War on Terrorism», en el University College de Londres.

convencional—. Fueron ejemplos de guerra asimétrica, de una guerra en la que el débil busca y explota los puntos vulnerables del fuerte. Al utilizar los aparatos de la aviación civil como armas y su estructura operativa como sistema de reparto, Al Qaeda demostró que a pesar de la llamada «revolución en asuntos militares» (RAM), que ha dado a los Estados Unidos una incontestable superioridad militar respecto de todos los demás Estados, siguen siendo un país vulnerable a un ataque devastador.[18]

El eje central de la RAM consiste en la utilización de sofisticados sensores controlados por ordenador, unos dispositivos que disipan la confusión de la guerra y permiten que los generales vean con claridad la situación de combate y respondan con armas de gran precisión (frecuentemente teledirigidas). Estas tecnologías resultan caras, y sólo están al alcance de los Estados más ricos. Pueden ser muy eficaces para dejar fuera de combate a enemigos conocidos —como se demostró en noviembre de 2002 cuando un misil estadounidense procedente de un avión no tripulado, controlado desde un punto muy remoto, mató a un importante cabecilla de Al Qaeda que operaba en Yemen—. Sin embargo, no pueden evitar ataques como los que sucedieron el 11 de septiembre. Al mismo tiempo, el abaratamiento de las tecnologías está aumentando la potencial capacidad destructiva de la guerra no convencional.

Los materiales nucleares son difíciles de obtener y peligrosos de utilizar. Sin embargo, si los emplean los terroristas suicidas, se convierten en rudimentarias ar-

18. Para un debate sobre la «revolución en asuntos militares» véase Paul Hirst, *War and Power in the 21st Century*, Cambridge, Polity Press, 2001, págs. 88-97.

mas radiactivas que pueden provocar un ingente número de víctimas. La utilización de armas biológicas también es peligrosa, pero el conocimiento y los materiales que se necesitan para fabricarlas son muy fáciles de conseguir, y los avances científicos las están volviendo cada vez más mortíferas. Algunas de estas armas permanecen activas durante un tiempo lo suficientemente largo como para que resulte casi imposible rastrear sus orígenes. Las armas capaces de actuar de forma genéticamente selectiva permiten convertir en blanco a poblaciones específicas. Resulta difícil valorar el riesgo de que Al Qaeda utilice esas capacidades radiactivas y biológicas; sin embargo, al tratar de hacerse con ellas ha sobrepasado los límites del terrorismo corriente.

Existe un riesgo creciente de ciberterrorismo. La difusión de habilidades avanzadas en el manejo de ordenadores entre los soldados de ejércitos que no pertenecen a ningún Estado genera el potencial necesario para un tipo de ciberguerra dirigido contra objetivos civiles como aeropuertos y plantas de energía, así como contra estructuras de mando militares. También resultan factibles otros tipos de ciberataque. Utilizando sofisticadas técnicas de acceso ilegal a las bases de datos, los rebeldes zapatistas de México lograron desorganizar los mercados financieros. Existen informes de que Al Qaeda ha realizado intentos similares. El crecimiento de la cibereconomía crea un nuevo campo de batalla para la guerra no convencional.

Para emprender este nuevo tipo de guerra, Al Qaeda posee la fuerza que emana de su rechazo del individualismo. Las relaciones de confianza con las que puede contar su organización, y la actitud de sus activistas, que están dispuestos a enfrentarse a una muerte segura, le conceden una poderosa ventaja. Las sociedades liberales no pueden responder a esta solidaridad suicida. Los valores de la elección personal y de la autorrealización se hallan arraigados a demasiada profundidad. Con todo, no tienen más remedio que defenderse. Al utilizar nuevas tecnologías electrónicas para la escucha subrepticia de conversaciones, para el reconocimiento de rostros y otras cosas similares, los Estados liberales modernos están adquiriendo una capacidad de vigilancia sin precedentes sobre las poblaciones que habitan en el interior de sus fronteras. En un esfuerzo encaminado a seguir la pista de los terroristas en potencia que puedan residir en sus territorios, los Estados modernos están sometiendo a toda la población a un elevado grado de control. El precio del individualismo está resultando ser la pérdida de la privacidad.

La guerra moderna es un subproducto del Estado moderno. Durante mucho tiempo, los Estados modernos se han dedicado a librar guerras limitadas. En las guerras napoleónicas, se empleaba el servicio militar obligatorio —la *levée en masse*— para reclutar ejércitos de masas, pero, en general, las poblaciones civiles no constituían un objetivo. Con la Primera Guerra Mundial, el servicio militar obligatorio se hizo universal: la totalidad de la economía quedaba movilizada en función del esfuerzo bélico, de modo que las poblaciones civiles llegaron a ser consideradas como objetivos legítimos. En este sentido, los regímenes liberales han mostrado ser cuando menos tan despiadados como los Estados totalitarios. En la Segunda Guerra Mundial, con el fin de defender la democracia de la dictadura, las poblaciones civiles de Dresde y Hamburgo, así como las de Hiroshima, Nagasaki y Tokio, fueron calcinadas.

Las secuelas del 11 de septiembre han generado un nuevo tipo de guerra ilimitada. La anarquía hobbesiana que brota de los Estados fallidos ha permitido que ejércitos que no pertenecen a ningún Estado golpeen la médula de la mayor potencia mundial. Como respuesta, los Estados Unidos y otros regímenes liberales se están convirtiendo a su vez en Estados que ejercen una vigilancia hobbesiana.

7

¿PAX AMERICANA?

La insistencia estadounidense en que la libertad humana implica que la historia debe tener un carácter maleable ha generado un activismo de su política exterior que supone que las naciones y la sociedad internacional pueden ser transformadas en algo más aceptable para los estadounidenses. Éste es el sentido del Siglo de los Estados Unidos: que en su transcurso la historia ha alcanzado su culminación democrática. El carácter estadounidense tiende a llevar a término sus asuntos, a resolver, a ganar, a olvidarlo todo y a pasar a otra cosa. Resulta sumamente difícil aceptar que la historia no tenga un final: que existan problemas en el núcleo de la seguridad nacional de los Estados Unidos que pudieran carecer de solución.

WILLIAM PFAFF[1]

A lo largo de los doce años que separan la caída del Muro de Berlín de la destrucción de las torres gemelas, las sucesivas administraciones estadounidenses utilizaron su control sobre instituciones como el FMI para le-

---

1. William Pfaff, *Barbarian Sentiments: How the American Century Ends*, Nueva York, Hill and Wang, The Noonday Press, 1989, pág. 5. Para un análisis de una extraordinaria presciencia sobre la religión política occidental, véase Edmund Stillman y William Pfaff, *The Politics of Hysteria: The Sources of Twentieth Century Conflict*, Londres, Victor Gollancz, 1964.

vantar un imperio financiero. Las acciones de Al Qaeda han demostrado que un imperio de papel no proporciona protección frente a enemigos decididos.

Desde el 11 de septiembre, la administración Bush ha puesto en pie una línea defensiva más tangible. Los gastos de defensa han recibido un fuerte impulso. La diplomacia con las grandes potencias se ha visto reavivada, en particular la que cultiva las relaciones con Rusia, China e India. Se ha anunciado una nueva doctrina basada en la prevención. Lo que espolea todas estas iniciativas es la creencia de que es posible construir un mundo seguro mediante una *Pax americana* que consolide la hegemonía global de los Estados Unidos en el futuro previsible.

De haber alguna potencia capaz de alcanzar una hegemonía global, sería necesariamente la de los Estados Unidos. Pero ¿es factible la *Pax americana*? ¿Tienen los Estados Unidos voluntad de asumir las cargas que conlleva y la contención necesaria para lograr que funcione?

En términos militares convencionales, los Estados Unidos constituyen ya una megapotencia única. Los gastos de defensa de los Estados Unidos de América superan las inversiones de otras muchas potencias juntas. Las variaciones en las tasas cambiarias complican el cálculo, pero en 2003 los gastos de defensa estadounidenses bien pudieran equivaler a la suma de los presupuestos de defensa de los doce países —o más— que le siguen en desembolso. Con todo, la superioridad militar estadounidense no depende únicamente de los enormes recursos que dedica a la defensa. Posee una insalvable ventaja técnica respecto de cualquier otra potencia. Una de las razones de que coopere cada vez menos con otros países en operaciones militares estriba en que sus tecnologías están demasiado avanzadas para que resulte posible compatibilizar su funcionamiento con las de las potencias menores.

Sin embargo, la *Pax americana* exige mucho más que esta primacía tecnológica. En primer lugar, presupone que los Estados Unidos poseen una potencia económica capaz de sostener el rol imperial que implica. En segundo lugar, presume que los Estados Unidos tienen voluntad de sostener dicho imperio. En tercer lugar, exige que el resto del mundo esté dispuesto a aceptarlo. Resulta cuestionable que sea posible satisfacer cualquiera de estas condiciones.

Al considerar la primera de estas tres condiciones, puede resultar útil proceder a una comparación con el Imperio Británico. En el apogeo de su poder imperial, en la época en que una cuarta parte del mundo vivía sujeta al dominio británico, Gran Bretaña era el mayor exportador de capitales del mundo. Entre 1870 y 1913, la proporción de riqueza británica invertida en ultramar ascendió de un 17 % a un 33 % —cifra mucho más elevada que la de cualquier otro país de la época—.[2] Por el contrario, los Estados Unidos han utilizado su dominio geopolítico para garantizar las inversiones en los mercados estadounidenses. En consecuencia, es el mayor importador de capital del mundo. Y al mismo tiempo, mientras ha utilizado de este modo su poder

2. Para una estadística de las inversiones británicas en el extranjero a lo largo de las últimas décadas del siglo XIX, véase Niall Ferguson, *The Cash Nexus: Money and Power in the Modern World, 1700-2000* (2001), Londres y Nueva York, Allen Lane/Penguin Press, 2002, pág. 297 y sigs. (trad. cast.: *Dinero y poder en el mundo moderno*, Madrid, Taurus, 2001).

hegemónico, ha limitado su libertad de acción en política exterior: «No es posible tener una "diplomacia del dólar" sin dólares. En una palabra, la hegemonía global de la presente época de globalización tiene un menor grado de apalancamiento desde el punto de vista financiero que la de los primeros tiempos».[3]

Durante el interregno que media entre el final de la Guerra Fría y los ataques terroristas, estas restricciones económicas impuestas a la política exterior de los Estados Unidos permanecieron ocultas. Los mercados estadounidenses atrajeron inversiones extranjeras a gran escala. Hoy, su atractivo ha quedado amortiguado.

Los inversores extranjeros no sólo desconfían de las tasas de rentabilidad prometidas por las compañías estadounidenses, no sólo se muestran nerviosos por el futuro del dólar, algunos de ellos —en particular los saudíes, que desempeñan un papel fundamental en los mercados financieros globales— son profundamente hostiles a la política exterior estadounidense. El riesgo de que por este motivo se retiren grandes cantidades de capital de los mercados estadounidenses podría no ser muy grande. Podría muy bien suceder que los países que promovieran estas retiradas de fondos tuviesen que enfrentarse a las represalias de los Estados Unidos. Además, la huida a gran escala de capitales procedentes de los Estados Unidos precipitaría una crisis económica global. No parece claro que haya algún país dispuesto a desencadenar ese resultado.

<hr>

3. Ferguson, *op. cit.*, pág. 312. Para una útil visión de conjunto del conflicto entre las ambiciones hegemónicas de los Estados Unidos y la debilidad de su economía, véase Immanuel Wallerstein, «The Eagle Has Crash Landed», *Foreign Policy*, agosto-septiembre de 2002.

A pesar de todo, la situación de los Estados Unidos es muy diferente a la que existía hace aproximadamente una década. Entonces, los aliados de los Estados Unidos pagaron por la Guerra del Golfo. Hoy, si los Estados Unidos desean lanzar ataques preventivos contra «Estados canallas», tendrán que costearlos con sus propias arcas.

La explosión de prosperidad de los años noventa ocultó una ambigüedad fundamental de la posición de los Estados Unidos en el mundo. Constituyen la única megapotencia militar, pero su capacidad para extender su poderío militar por todo el mundo depende de su primacía económica, que se ha estado viendo erosionada durante décadas. Esta debilidad escondida saldrá sin duda a la luz en los años venideros.

Los costes del papel hegemónico de los Estados Unidos no son únicamente económicos. Incluyen también la existencia de víctimas. A menos que los Estados Unidos logren persuadir a otros países para que actúen en su nombre, deberán estar dispuestos a aceptar, como parte del precio que tienen que pagar por configurar en sus propios términos la seguridad global, un constante goteo de bolsas de cadáveres. Históricamente, los estadounidenses se han mostrado reacios a «actuar como policías del mundo». Los ataques del 11 de septiembre pueden haberles mostrado que el aislamiento ha dejado de ser una opción. Ahora bien, ¿están dispuestos a pagar el tributo de sangre de un imperio?

El 11 de septiembre constituyó el ejemplo de una resistencia globalmente organizada al poder de los Estados Unidos. Semejante amenaza exige una respuesta global. Después de los ataques de Al Qaeda, los Estados Unidos no pueden evitar verse involucrados en un interminable roce con un mundo que rechaza muchos de sus valores fundamentales.

Existe aún otra razón por la que los Estados Unidos no pueden retirarse del mundo. Son demasiado dependientes de las importaciones de petróleo. Los difíciles compromisos militares en el extranjero se hallan inexorablemente vinculados al despilfarrador uso que hacen los Estados Unidos de la energía.

Si Al Qaeda lograra su objetivo de derrocar al régimen saudí tendría acogotada a la economía estadounidense. Desde luego, los Estados Unidos tal vez sean capaces de reducir su dependencia del petróleo saudí. Pero en el corto y medio plazo de las próximas décadas sólo lo podrán hacer si incrementan su implicación en otras regiones productoras de petróleo. El acercamiento estratégico a Rusia, relacionado con los recursos de la cuenca del Caspio, exige una presencia militar permanente. Y lo mismo sucederá en Iraq durante el período posterior a un cambio de régimen producido como consecuencia de cualquier intervención militar encabezada por los Estados Unidos.

El aislamiento no es posible, pero existen varias razones que explican por qué los Estados Unidos no están dispuestos a asumir el papel de potencia imperial global. La principal de ellas no es que los Estados Unidos cultiven ante sí mismos una imagen de nación anticolonial. Eso no ha evitado que se implicaran en intervenciones en Latinoamérica y en otros lugares. Por el contrario, el obstáculo reside en una ambigüedad no resuelta en las percepciones que los Estados Unidos tienen del mundo.

No existe nada que se parezca a una cosmovisión estadounidense única. Los Estados Unidos son demasiado extensos, y en último término demasiado inescrutables, como para dar origen a una única forma de considerar las cosas. A pesar de ello, existen algunas creencias y actitudes que son comunes a los estadounidenses.

Por un lado, muchos estadounidenses creen que, en el fondo, todos los seres humanos son estadounidenses. Por otro lado, han considerado durante mucho tiempo que el mundo —en especial el Viejo Mundo europeo— es un lugar corrupto, posiblemente más allá de toda redención. En el pasado, la primera de estas actitudes constituyó el puntal y la causa principal de que los Estados Unidos adoptaran un papel global, como sucedió cuando intervinieron en las dos guerras civiles europeas del siglo XX, apadrinando políticas de autodeterminación nacional tras la Primera Guerra Mundial y el plan Marshall tras la Segunda Guerra Mundial. La segunda actitud ha fomentado el aislamiento.

Por muy contradictorias que puedan parecer estas actitudes estadounidenses, ambas emanan de una premisa común. O bien el mundo evoluciona hasta el punto de convertirse en el espejo de los Estados Unidos, o bien puede ser abandonado sin riesgo a sus propios mecanismos. Al Qaeda ha destrozado este supuesto.

La ambigüedad de las percepciones estadounidenses queda reflejada en la estrategia de las amenazas preventivas. Desde un determinado punto de vista, esas amenazas constituyen un intento de evitar que los Estados Unidos sean atacados. Desde otro, se trata de un esfuerzo más entre los encaminados a reorganizar el mundo a imagen de los Estados Unidos.

La nueva doctrina de defensa estadounidense fue formalmente anunciada en una ponencia remitida el 20 de septiembre de 2002 al Congreso de los Estados Unidos. Tras declarar que la era de la disuasión y de la contención había terminado, la ponencia comprometía a los Estados Unidos —que llegarían a actuar en solitario si fuese necesario— en la realización de una campaña preventiva de gran envergadura contra el terrorismo. Al mismo tiempo, la ponencia incluía una declaración clásicamente wilsoniana de universalismo estadounidense. Las instituciones estadounidenses constituyen el único modelo posible para el mundo, declaraba el texto. El siglo xx ha terminado con «una decisiva victoria de las fuerzas de la libertad —añadía—, y sólo existe un único modelo sostenible para propiciar el éxito nacional: la libertad, la democracia y la libre empresa».[4]

La prevención del peligro constituye una estrategia tentadora. Ofrece la esperanza de que los problemas planteados por el terrorismo sean plenamente solubles. Lo cierto, no obstante, es que no lo son.

Con frecuencia se relaciona la lucha antiterrorista con la «guerra contra las drogas». Si alguna semejanza tienen, sin embargo, ésta reside en el hecho de que ninguna de las dos campañas puede salir victoriosa.

El terrorismo y el tráfico con drogas ilegales están entrelazados.[5] La mayoría de las organizaciones terroristas obtienen una parte significativa de sus ingresos

4. Para consultar algunos extractos de esta ponencia en los que se esboza la nueva estrategia de seguridad nacional de la administración Bush, véase *Financial Times*, 21 de septiembre de 2002, pág. 8.

5. Para una útil visión de conjunto sobre las drogas y el terrorismo, véase John Cooley, *Unholy Wars: Afghanistan, America and International Terrorism*, Londres y Sterling, Virginia, 1999, cap. 7 (trad. cast.: *Guerras profanas: Afganistán, Estados Unidos y el terrorismo internacional*, Madrid, Siglo XXI, 2002).

del tráfico de drogas. En muchos lugares del mundo, han establecido relaciones simbióticas con el crimen organizado. Delitos como el tráfico de personas y el robo de identidad forman parte de sus tareas diarias.

El terrorismo y el delito caminan juntos, pero emprender una guerra contra ambos frentes tiene poco sentido. Tras haber realizado unos ingentes desembolsos y haber sufrido una enorme pérdida de libertad, el mundo aún ha de enfrentarse a la pandemia de las drogas ilegales. Si la campaña contra el terrorismo copia el modelo de la guerra contra las drogas, está perdida de antemano.

La mayor parte de los peores males que generan las drogas puede evitarse legalizándolas. Esta política tendría muchos beneficios en términos de salud pública y de control del delito. Y abundando en este mismo argumento, asestaría un golpe a una de las principales fuentes de ingresos de los grupos terroristas. Por desgracia, excepto en unos cuantos países europeos, la legalización de las drogas resulta políticamente imposible.

Pese a que una política de legalización eliminaría los efectos más perjudiciales de las drogas ilegales, no puede aplicarse un remedio similar al terrorismo. Es posible actuar para disuadir su práctica y sojuzgarlo, y también pueden debilitarse sus causas, pero no es posible erradicarlo.

Consideremos el caso británico. Los grupos terroristas se han mantenido activos en Irlanda del Norte y en los principales territorios británicos desde principios de los años setenta. Varias figuras destacadas han sido asesinadas —lord Mountbatten, miembro de la familia real, fue asesinado mientras navegaba en su yate; Airey Neave, un oficial británico que escapó de un campo de prisioneros de guerra y que, siendo miembro del Parlamento, organizó la campaña en la que Margaret Thatcher se convirtió en dirigente del partido conservador, fue asesinado junto a la Cámara de los Comunes—. Una gran parte de los integrantes del gabinete británico estuvo a punto de ser eliminada en un atentado del IRA contra el Grand Hotel de Brighton durante la conferencia celebrada por el partido conservador en 1984, un atentado en el que murieron cinco personas y otras treinta quedaron gravemente heridas. A lo largo de los pasados treinta años, las víctimas del terrorismo en Gran Bretaña se han contado por miles.

El gobierno británico ha empleado diversas estrategias para contener el terrorismo —militares, políticas y diplomáticas—. Existen algunas circunstancias que operan a su favor. Posee un elevado nivel de control sobre Irlanda del Norte. Europa es una zona de paz. Los gobiernos de los Estados vecinos han cooperado. Debido en parte a estos factores, la lucha contra el terrorismo ha logrado éxitos notables. No obstante, no ha sido erradicado.

Los problemas que plantea el hecho de enfrentarse a Al Qaeda son inmensamente superiores. La organización tiene bases en territorios situados en todo el mundo. Los Estados Unidos ejercen un control escaso o nulo en muchos de estos países. Algunos de ellos se hallan sometidos a fuertes presiones por parte de los movimientos islamistas. En algunas regiones, Al Qaeda ha logrado explotar un sentimiento de injusticia presente entre la población. Esto es lo que sucede en los territorios palestinos, una zona por la que Al Qaeda ha mostrado escaso interés durante muchos años, pero en la que ahora ha conseguido que se la identifique con la *intifada*.

La guerra no convencional encuentra su base en conflictos profundamente arraigados. La amenaza que plantea se ve agravada por la difusión de armas de destrucción masiva. La acción concertada de muchos Estados puede ralentizar el proceso, como muestran los éxitos parciales obtenidos por los esfuerzos tendentes a reducir la proliferación nuclear. Sin embargo, no es posible detener las filtraciones relacionadas con las tecnologías peligrosas. En último término, dichas filtraciones son un subproducto de la difusión del conocimiento científico.

Un conflicto global surge de la interacción entre las nuevas tecnologías y las ancestrales divisiones religiosas y étnicas, una mezcla cuya volatilidad se ve agravada por la creciente competencia por los recursos naturales. Es una combinación que se vuelve aún más explosiva por el rápido aumento del número de Estados fallidos. Los ataques preventivos contra «Estados canallas» no son capaces de desmantelar las redes terroristas que se refugian en aquellas zonas en que los Estados se han desmoronado. Allá donde no exista ningún gobierno para tomar el control de los acontecimientos será fútil promover un «cambio de régimen». Si se emprende sin contar con la autoridad de instituciones como las Naciones Unidas, la acción preventiva sólo conseguirá que haya menos países dispuestos a participar en ella. Por consiguiente, perjudicará la cooperación internacional, que es crucial para frenar el terrorismo. Los Estados Unidos no pueden obtener seguridad si lo que se genera es un mundo de incorregible desorden. Al perseguir la ilusión de llegar a ser inexpugnables, los Estados Unidos sólo conseguirán aumentar su vulnerabilidad.

Los planes estadounidenses elaborados para inducir un cambio de régimen despiertan suspicacia y hostilidad en muchos países. Un año después de los ataques de Al Qaeda, la animadversión contra los Estados Unidos es más extensa que nunca. Éste es el tercer obstáculo a la *Pax americana*.

A medio plazo, la creencia que lleva a la administración Bush a defender «un único modelo sostenible» de desarrollo humano podría resultar más peligrosa que la estrategia de prevenir las amenazas. La exportación de las instituciones estadounidenses únicamente tiene sentido si partimos de la premisa de que, en el fondo, todo el mundo comparte los valores estadounidenses. Este concepto podría resultar muy costoso.

En un escenario realista, los Estados Unidos tendrán que aprender a vivir con Estados que no tienen ningún deseo de compartir sus valores. A fin de cuentas, esto incluye a la práctica totalidad de los Estados del mundo. Tras su alianza estratégica durante la Guerra Fría y —aunque de forma menos convincente— en el período posterior a ella, Europa y los Estados Unidos están volviendo a ser las civilizaciones extrañas que fueron antes de la Primera Guerra Mundial. En Asia, la pretensión de que los Estados Unidos encarnan el único modelo sostenible de desarrollo humano es vista con incredulidad, cuando no con desprecio.

Esta resistencia opuesta a los esfuerzos de los Estados Unidos por imponer un único modelo al resto del mundo añade un punto de riesgo extra a la estrategia de prevención de las amenazas. La intervención militar estadounidense en una región como la de Oriente Próximo tiene una razonable expectativa de éxito si sus objetivos son limitados —como ocurrió en la Guerra del Golfo—. Si trata de maquinar cambios políticos, corre el riesgo de sufrir un peligroso revés. El impacto desestabilizador podría extenderse a países tan distantes como Pakistán, Indonesia y Filipinas. Propiciar cambios de régimen en Oriente Próximo produciría una desestabilización revolucionaria en la región, una desestabilización no muy diferente de la que se produjo tras la Primera Guerra Mundial en la Europa Central y del Este como consecuencia del intento de apertura de un proceso de autodeterminación nacional por parte del presidente Woodrow Wilson. Hoy, como entonces, es probable que el resultado de tratar de exportar los valores de los Estados Unidos sea el caos.

La política estadounidense de hoy difiere en ciertos aspectos de la de la era wilsoniana. Al promover el nacionalismo en la Europa Central y del Este, Wilson exportaba la versión estadounidense de una doctrina europea a ciertas partes de Europa en las que sólo podía producir levantamientos. El nacionalismo en la Europa del Este y los Balcanes rara vez ha pertenecido a la variedad cívica que ha unificado a países como Francia e Italia. Por regla general ha demostrado poseer un fuerte componente étnico —un factor que resulta peligrosamente divisor en regiones de poblaciones mixtas y fronteras disputadas—. Ni siquiera las más prudentes políticas habrían ahorrado a Europa la inestabilidad que siguió a la Primera Guerra Mundial, pero el efecto de la intervención de Wilson hacía que la sublevación a gran escala resultase una certidumbre.

Existe otra diferencia. El intento de reorganización de Europa concebido por Woodrow Wilson era fundamentalmente un proyecto ilustrado. El mundo que imaginaba era un mundo que habrían reconocido sin dificultad Mazzini, Garibaldi y otros nacionalistas liberales europeos. Al comienzo del siglo XXI, el universalismo estadounidense presenta un aspecto más apocalíptico. Hasta cierto punto, esto es reflejo de las circunstancias de la política estadounidense. El Partido Republicano debe mucho —y no es la económica la menor de estas deudas— a los grupos fundamentalistas cristianos. Parte del impulso tendente a la reorganización de Oriente Próximo procede del hecho de que el fundamentalismo cristiano cree que una conflagración de gran envergadura representaría el cumplimiento de las profecías bíblicas que anuncian un conflicto catastrófico en la región. En la medida en que refleja este tipo de pensamiento, la política exterior estadounidense es, a su vez, fundamentalista.

Si existe algún argumento coherente que anime las revolucionarias políticas de asuntos exteriores de los Estados Unidos es el de que «los Estados de mercado» constituyen hoy el único modo de gobierno legítimo.[6] Desde este punto de vista, los mercados globales del capital, junto con la cultura universal de los derechos humanos, están acabando con el Estado-nación. El único tipo de régimen que puede reclamar legitimidad es el del Estado de mercado, un Estado que simplemente se propone facilitar la prosperidad de sus ciudadanos.

Es innegable que la prosperidad constituye hoy uno de los requisitos del gobierno legítimo.[7] Esto no signifi-

6. Philip Bobbit nos brinda una pujante defensa de la teoría de que los Estados provistos de un sistema de mercado están sustituyendo a los Estados-nación en su libro *The Shield of Achilles*, Londres y Nueva York, Allen Lane/Penguin Press, 2002.

7. Examino las dificultades que conlleva la valoración de la legitimidad política en *Las dos caras del liberalismo: una nueva interpretación de la tolerancia liberal*, págs. 141-145.

ca que éste sea el único requisito, o que sea siempre el más importante. Los Estados modernos existen para poder hacer frente a las persistentes necesidades humanas, entre las cuales la seguridad en relación con la violencia y el reconocimiento de la identidad cultural continúan teniendo la importancia que siempre han tenido. No es probable que un Estado que se muestre incapaz de dar satisfacción a estas necesidades consiga sobrevivir durante mucho tiempo.

No es preciso que los Estados que satisfagan estas necesidades sean Estados-nación. Un régimen neoimperial como el de la Rusia de Putin puede alcanzar la legitimidad de dos maneras: por un lado, encarnando un sentido histórico de la identidad que —siendo en gran medida, aunque no exclusivamente, ruso— distingue a sus ciudadanos de «Occidente», y por otro, procurando seguridad contra el desorden. Una ciudad-Estado como Singapur también puede lograr lo mismo. No es preciso que los Estados cuya legitimidad descansa sobre una base popular sean democracias. Allí donde una transición a la democracia pueda implicar un debilitamiento del gobierno es frecuente que el régimen autoritario se considere más legítimo. Es verosímil pensar que esto es lo que sucedió en China tras los acontecimientos de la plaza de Tiananmen.

Tampoco es preciso que un Estado promueva la prosperidad para ser aceptado como un Estado legítimo. La prosperidad no es tanto un requisito del gobierno legítimo como una de sus consecuencias. Allí donde no se satisfacen las necesidades humanas vitales para la seguridad o el reconocimiento, los aumentos de los ingresos generan inestabilidad política. Tal como observara Alexis de Tocqueville, el *ancien régime* francés se derrumbó debido a que la situación del pueblo había experimentado una reciente mejoría.

Hoy, al igual que en el pasado, el miedo es un factor más potente en política que la expectativa de ganancias. La gran masa de la humanidad se preocupa más por la seguridad que por la prosperidad. Los Estados que proporcionan seguridad son más legítimos que los que prometen riqueza.

Los Estados de mercado son fantasmas, no realidades históricas. Allí donde presentan una aparente existencia —como sucede en los Estados Unidos—, las particulares identidades culturales que éstos expresan han quedado ocultas. El Estado de mercado es una construcción singularmente estadounidense que no puede ser instituida en ningún otro país. Tratar de implantarlo en el mundo árabe resulta particularmente aventurado.

Existen muchas variedades de regímenes árabes, pero pocos de ellos tienen una profunda legitimidad popular. Arabia Saudí es una construcción postimperial que propende de forma vacilante hacia la constitución de una teocracia antioccidental. Iraq es también una creación generada por los imperialistas salientes, pero el régimen de Sadam Husein es en esencia un Estado occidental cuyas más íntimas afinidades le asemejan a la antigua Unión Soviética.

Sean cuales sean las diferencias que muestren entre sí, son pocos los regímenes árabes que hayan constituido alguna vez democracias operativas. Esto no significa que los intentos de los Estados Unidos por exportar la democracia vayan a ser bien recibidos. Ni las hipersutiles élites árabes ni las masas de las calles aceptan que exista únicamente «un modelo sostenible» de desarrollo. En una región donde el poder estadounidense es objeto de un odio implacable, resulta más probable que se consideren legítimas las tiranías indígenas árabes que los «Estados de mercado» respaldados por los Estados Unidos.

Lejos de desembocar en una nueva era de gobernanza global, la globalización está produciendo un resurgimiento del imperio. La gobernanza imperial está siendo reinventada de manera sutil como único remedio para los peligros que generan los Estados fallidos. Sin embargo, los protectorados que han sido establecidos hasta la fecha —en países como Bosnia, Kosovo y Afganistán— no son simples rebrotes del poder de los Estados Unidos. Son empresas internacionales, tareas llevadas a cabo en el marco de instituciones como la OTAN, la Unión Europea y las Naciones Unidas. En una época en que la animadversión contra los Estados Unidos está muy extendida, estas aventuras tienen una mejor perspectiva de supervivencia que cualquier construcción puramente estadounidense. Está surgiendo un nuevo tipo de gobernanza imperial, más fundada en la defensa y la cooperación que en el expansionismo y sus objetivos.[8]

Si existe algún peligro en este nuevo imperialismo es el de que los países industriales avanzados puedan perder interés. Los Estados Unidos en particular no se muestran muy dispuestos a emprender un largo proceso que implique la construcción de otros Estados. Excepto en aquellos casos en que lo que esté en juego sean

8. Para una vigorosa defensa de una nueva forma de la institución del imperio, véase Robert Cooper, «The Next Empire», *Prospect*, octubre de 2001. Véase también Sebastian Mallaby, «The Reluctant Imperialist: Terrorism, Failed States and the Case for American Empire», *Foreign Affairs*, marzo-abril de 2002.

los recursos naturales escasos, los países gobernados por protectorados internacionales tienen más probabilidades de verse obligados a enfrentarse al abandono que a una nueva forma de explotación colonial. Lo más probable es que el neoimperialismo constituya un último recurso, algo de lo que se echa mano en una época de crisis y que se abandona a conveniencia.

Esto no significa que las crisis sean poco frecuentes. En términos aproximados, es improbable que Al Qaeda constituya el núcleo de la resistencia al poder de los Estados Unidos durante más de una década. Es probable que el del islam radical sea únicamente el primero de un cierto número de desafíos a la hegemonía estadounidense. Sin duda, la guerra asimétrica proseguirá, y tendrá nuevos protagonistas que no podemos prever. Antes o después, las potencias emergentes de Asia tratarán de reorganizar un sistema internacional al que ha dado forma el poderío de los Estados Unidos.

Para mediados del presente siglo, China podría encontrarse en situación de desafiar la hegemonía estadounidense. Desde luego, ésta parece ser la hipótesis de trabajo de quienes conciben los planes militares estadounidenses, que dan la impresión de estar configurando las fuerzas convencionales de los Estados Unidos con esta eventualidad en mente. Sería una insensatez descartar por poco realista la posibilidad de una guerra entre estas dos grandes potencias.

A medio plazo, las perspectivas de que los Estados Unidos conserven su posición como única megapotencia no son particularmente favorables. Las nuevas tecnologías están difundiéndose a una velocidad creciente. Aunque en el momento presente nadie puede retarla, la superioridad militar estadounidense se verá erosionada por los propios procesos de globalización, unos procesos cuyas virtudes han sido recientemente ensalzadas por los propios Estados Unidos. Con el rápido avance de la industrialización, la adquisición de sistemas armamentísticos de alta tecnología será pronto una realidad. La hegemonía global de los Estados Unidos podría revelarse tan fugaz como la británica, si no más.

Por último, cabe señalar que el mundo no aceptará una *Pax americana* porque se resiste a la imposición de los valores de los Estados Unidos. Para muchos estadounidenses esto puede parecer paradójico. ¿Acaso no comparte la humanidad entera los ideales estadounidenses? La respuesta es que, en la medida en que son estadounidenses, no. Más allá de sus fronteras, nadie acepta la pretensión que lleva a los Estados Unidos a considerarse el modelo de una civilización universal.

Hace cincuenta años, George Santayana escribió acerca de la posibilidad de un imperio estadounidense:

> Si estuviera en manos de los Estados Unidos, la autoridad que controlase la economía universal tendería irresistiblemente a controlar también la educación y la formación. Podría crear, como se hizo en la zona estadounidense de Alemania, un departamento cultural para difundir propaganda ideológica y política. La pasión filantrópica por el servicio público impulsaría una intervención social, cuando no legal, en la vida tradicional de todas las demás naciones, no sólo vendiéndoles los innumerables productos estadounidenses, sino recomendándoles, cuando no imponiéndoles, las formas de vida y pensamiento de los Estados Unidos.[9]

9. George Santayana, *Dominations and Powers: Reflections on Liberty, Society and Government*, Clifton, Augustus M. Kelley, 1972, pág. 459.

Los estadounidenses consideran que su país encarna valores universales. Otros países ven el modo de vida estadounidense como uno más entre los muchos existentes: no creen que lleguen a ser nunca universales —ni que deban llegar a serlo—. Tras averiguar, como fruto de una larga experiencia, con cuánta facilidad se vuelven enemigos los amigos, se resisten a la división del mundo en «buenos» y «malos» regímenes. Perciben a los Estados Unidos como un régimen que trata de hacer proselitismo, y temen sus intervenciones. Prefieren los peligros de un mundo desprovisto de un poder hegemónico a un mundo hecho a imagen de los Estados Unidos.

Los estadounidenses apoyarían una *Pax americana* únicamente en el caso de que promoviera aquellos valores que ellos consideran comunes a toda la humanidad. Sin embargo, ésa es justamente la paz que la mayoría de la humanidad considera más opresiva. En la volátil mezcla compuesta por los cálculos geopolíticos y el mesiánico entusiasmo que actualmente configura la política exterior de los Estados Unidos, no es la *realpolitik* estadounidense lo que más resentimientos suscita en el mundo. Es su universalismo.

8

POR QUÉ NO SABEMOS AÚN
QUÉ SIGNIFICA SER MODERNO

> Algo que nadie está dispuesto a admitir es el
> hecho de que la historia simplemente se des-
> pliegue, con independencia de una dirección
> específica, de un objetivo.
>
> E. M. Cioran[1]

La palabra «moderno» aparece por primera vez en inglés hacia finales del siglo XVI. Al principio apenas significaba nada más que la pertenencia a la época presente, pero poco a poco empezó a connotar un sentido de novedad. «Moderno» denotaba aquellas cosas que nunca habían existido antes. Se había concebido la idea de que el futuro sería diferente del pasado.

Esta idea era a su vez nueva. Los griegos y los romanos creían que la historia constaba de una serie de ciclos: el futuro era una reedición del pasado. Los europeos de la Edad Media veían la historia de un modo distinto, como un drama moral que concluía con el fin del mundo. Sin embargo, nunca dudaron de que las condiciones de la vida en la Tierra seguirían siendo en gran medida como siempre habían sido. Cuando imaginaban un mundo en el que los humanos vivían de for-

---

1. E. M. Cioran, *History and Utopia*, Londres, Quartet Books, 1996, pág. 91 (trad. cast.: *Historia y utopía*, Barcelona, Tusquets, 1988).

ma diferente, no lo situaban en el futuro, sino en lugares remotos que aún no figuraban en los mapas.

Esta práctica continuó hasta bien entrado el siglo XVIII. La obra de Samuel Johnson *Rasselas* (1759) describe distintos modos de vida humana por medio de la ficción de largos viajes a tierras desconocidas.[2] El príncipe abisinio Rasselas de que nos habla Johnson abandona el Valle Feliz en que naciera para viajar en busca del mejor modo de vida. No se le ocurrió a Johnson situar su cuento en el futuro. El futuro aún no había sido inventado.

A finales del siglo XVIII, el futuro se había convertido ya en la sede de un mundo mejor. «Moderno» designaba algo benigno, una irreversible condición histórica en la que el conocimiento, la riqueza y la felicidad humanas crecían al mismo ritmo. Ésta era la situación que describía en 1776 Edward Gibbon:

> Puede suponerse sin riesgo que ningún pueblo, a menos que cambie la faz de la naturaleza, volverá a caer en su barbarie original [...]. Podemos por tanto concordar en la grata conclusión de que todas las edades del mundo han incrementado, y siguen incrementando, la riqueza real, la felicidad, el conocimiento y tal vez la virtud de la raza humana.[3]

Gibbon era un historiador demasiado bueno como para imaginar que la vida humana pudiera llegar a ser

2. Véase Samuel Johnson, *The Major Works including Rasselas*, edición a cargo de D. Greene, Oxford, Oxford World's Classics, 2002 [véase *La historia de Rásselas, príncipe de Abisinia,* Madrid, Alianza, 1991. (*N. del e.*)].

3. La cita de Gibbon se encuentra en John Lukacs, *op. cit.*, pág. 6.

perfecta. Sin embargo, era un hombre que pertenecía lo suficiente a su época como para creer que ésta había mejorado mucho, y que en el futuro habría de ser mejor de lo que jamás hubiera sido antes. Ni Gibbon ni la mayoría de los demás pensadores ilustrados creía que el progreso fuera inevitable. Sabían que en la historia se producen largos rodeos y súbitos reveses. Algunos de ellos concedían incluso que si el crecimiento del conocimiento llegase a desfallecer, la humanidad podría regresar a la barbarie.

De lo que ninguno de estos pensadores dudaba era que el progreso del conocimiento se viera acompañado por un paralelo avance convergente en ética y política. Con los positivistas, esta idea se convirtió en la creencia de que la ciencia constituía el fundamento de una civilización universal, una creencia que prácticamente todo el mundo acepta en nuestros días.

El problema de esta creencia no estriba en que sea un mito, sino en que es dañina. La vida humana apenas lograría proseguir su curso si no dispusiese de mitos. Desde luego la política no puede hacerlo. El defecto del mito moderno consiste en que nos ata a una esperanza de unidad, cuando lo que deberíamos hacer es aprender a vivir con el conflicto.

Al llamar mito a esto, lo que pretendo es señalar que su origen se encuentra en la religión. En relación con lo que significa ser moderno, la idea que prevalece es la de un mito poscristiano. Los cristianos siempre han sostenido que únicamente existe un camino de salvación, que éste se revela en la historia y que se halla abierto a todos. A este respecto, el cristianismo difiere radicalmente de las religiones y de las filosofías del mundo antiguo, así como de las creencias no occidentales.

En los cultos politeístas de los griegos y los romanos, se aceptaba que los humanos siempre habrían de vivir de distintos modos. Allí donde hay un gran número de dioses, no hay ningún modo de vida que obligue a todos. Al adorar a un único Dios, los cristianos siempre han creído que sólo un modo de vida puede ser correcto.

En las antiguas religiones mistéricas europeas y en las creencias no occidentales, la historia es considerada como algo que carece de significado: la salvación se entiende como una liberación del tiempo. En la interpretación de la historia en términos de la salvación de la especie, el único rival del cristianismo es el islam, que en virtud del militante universalismo que ha exhibido a lo largo de gran parte de su historia pertenece a «Occidente». El judaísmo también es una religión histórica, pero la historia de la que se ocupa es la de los judíos, no la del conjunto de la humanidad. Al realizar pocas afirmaciones de carácter universal, el judaísmo ha evitado la intolerancia que exhiben otras religiones monoteístas.

Antes de la aparición del cristianismo, la idea de que la salvación estuviera abierta a todos era desconocida en el mundo antiguo. Los filósofos clásicos —Platón y Aristóteles, los estoicos y los epicúreos— daban por sentado que nunca serían más que unos pocos los que vivieran la vida buena. En las religiones mistéricas como la del culto a Mitra, únicamente una élite de iniciados podía esperar la salvación.

A los pensadores ilustrados les gusta considerarse a sí mismos como paganos modernos, pero en realidad son cristianos de nuestros días: también ellos se proponen salvar a la humanidad. Los antiguos paganos no creían que el grueso de la humanidad pudiera ser salvado. O, lo que viene a ser lo mismo, que valiera la pena salvarlo.

El marxismo y el neoliberalismo, al creer que existe un modo de vida superlativamente adecuado para el conjunto de la humanidad, y al considerar que la historia es una lucha para procurarlo, son cultos poscristianos. Fuera de la cristiandad, nadie ha imaginado jamás que el «comunismo mundial» o el «capitalismo global» pudieran constituir «el fin de la historia». Los positivistas creían que con el progreso del conocimiento, la humanidad llegaría a compartir los mismos valores. Sin embargo, esto se debe a que habían heredado del cristianismo la creencia de que la historia avanza hacia un final en el que todos quedan salvados. Si eliminamos este residuo de fe, podemos apreciar que, pese a que las ciencias realicen progresos, no puede decirse lo mismo de la humanidad.

Si despojamos al positivismo de sus esperanzas escatológicas heredadas del cristianismo, lo que queda no se halla lejos de la verdad. Saint-Simon y Comte creían que la tecnología es la fuerza impulsora de la historia. En esto tenían razón. La historia consta de una serie de accidentes, pero si alguna tendencia discernible posee es la del creciente poder de la invención humana. Lo que habitualmente llamamos época moderna es únicamente una aceleración de este proceso.

A pesar de sus declaraciones, el concepto de historia de los positivistas debía poco a la ciencia. Al igual que el cristianismo, era una teleología histórica, una narrativa del avance de la humanidad hacia un fin predeterminado. Tal como ha escrito Stuart Hampshire: «Los positivistas creían que todas las sociedades del globo se desprenderían gradualmente de sus ataduras tradicionales [...] debido a que una economía industrial moderna implica una necesidad de modos de pensamiento racional, científico y experimental. Existe una fe antigua, muy difundida en el siglo XIX, que sostiene que debe producirse necesariamente una gradual convergencia en la dirección de los valores liberales, en la dirección de "nuestros valores" [...]. Hoy sabemos que no hay nada "necesario" en ello, y que este tipo de teorías tienen un valor de predicción igual a cero».[4]

El positivismo es una doctrina de redención disfrazada de teoría de la historia. Los positivistas heredaron la perspectiva cristiana de la historia, pero anunciaron —al suprimir la noción atenuante que se halla presente en el cristianismo y que afirma que la naturaleza humana es, de manera insalvable, imperfecta— que por medio de la utilización de la tecnología la humanidad podría construir un mundo nuevo. Cuando sugirieron que en la tercera y última fase de la historia no habría política, sino únicamente una administración racional, imaginaban estar conduciéndose de forma científica. Sin embargo, la creencia de que la ciencia puede permitir que la humanidad trascienda sus conflictos históricos y cree una civilización universal no es un producto de la investigación empírica. Es un residuo del monoteísmo.

La visión positivista del futuro tiene otra fuente en la religión. Los cristianos creen que la Tierra le ha sido dada a la humanidad para dar satisfacción a sus necesi-

4. Stuart Hampshire, «Justice is Strife», *Proceedings and Addresses of the American Philosophical Association*, vol. 65, n° 3, noviembre de 1991, págs. 24-25. Véase también el espléndido librito de Hampshire *Justice is Conflict*, Princeton, Nueva Jersey, y Oxford, Princeton University Press, 2002.

dades. Saint-Simon y Comte también creían esto mismo, pero lo enunciaban en términos científicos: el planeta es un cúmulo de recursos de los que puede disponer el hombre para su uso. Lo que Comte llamaba una sociedad industrial —y el de industrialismo es otro de los vocablos que acuñó— es un sistema dedicado a la satisfacción de los deseos humanos mediante la eficiente explotación de esos recursos. Cuando todas las sociedades se hayan vuelto industriales se habrán completado las tres fases de la historia.

Desde esta perspectiva positivista de las cosas, los humanos son animales productivos y sus vidas adquieren sentido por medio del trabajo. Una sociedad industrial les permite explotar los recursos naturales del planeta. Y al hacerlo, los humanos pueden dominar la escasez material. De este modo, se desarrollará una nueva ciencia de la sociedad, una ciencia en la que las cuestiones insolubles de la ética quedarán convertidas en asuntos que se tendrán que decidir por el juicio experto. Una vez superada la escasez y transformada en ciencia la ética, las causas del conflicto humano quedarán eliminadas.

Encontramos cómico el entusiasmo que sentían estos profetas de la modernidad ante la pseudociencia de la frenología. Y sin embargo la economía de libre mercado no difiere de ella. Al igual que su predecesor, el «socialismo científico», la economía de libre mercado se apoya en una espuria pretensión de conocimiento del futuro.

Los científicos sociales contemporáneos han seguido a Saint-Simon y a Comte al creer que la ciencia social puede establecer las leyes universales de la conducta humana, y de este modo predecir la evolución futura de la humanidad. Por desgracia —desde el punto de

vista del proyecto de una ciencia de la sociedad—, no
es posible predecir así la conducta de los seres humanos. En palabras de Alasdair MacIntyre: «El hecho so-
bresaliente en lo que toca a estas ciencias es la ausencia
de descubrimiento de cualquier tipo de cuasi-ley o gene-
ralización. [...] Ningún economista predijo la "estan-
flación" antes de que ocurriera; los escritos de los
teóricos monetarios fallan señaladamente en predecir
correctamente los porcentajes de inflación».[5]

La ciencia de la sociedad con la que soñaron Saint-
Simon y Comte no se ve por parte alguna. La razón no
estriba en que los positivistas se adelantaran a su tiempo o fuesen excesivamente ambiciosos. La cuestión es
que su visión de la ciencia era acientífica.

Para los positivistas, el avance de la ciencia es un sig-
no del progreso de la mente humana. De hecho, como
hoy sabemos, la ciencia es un accidente de la historia. En
el transcurso de aproximadamente los últimos dos mil
años, muchas culturas han mostrado interés por la tecnología. Son muchas las que se han adentrado en la filosofía natural y en la especulación cosmológica. Pero ninguna cultura puede reclamar el honor de haber dado pie
al rápido desarrollo de la ciencia en los últimos siglos.

La elevación de la ciencia a sus niveles actuales es el
resultado de una muy azarosa mezcla de influencias. A
veces se pregunta por qué la ciencia no se ha desarrollado más en China, que en términos de tecnología estuvo durante muchos siglos muy por delante de cualquier
país europeo. Si entendemos el carácter contingente de

5. Alasdair MacIntyre, *After Virtue: A Study in Moral Theory*,
Londres, Duckworth, 1981, pág. 85 (trad. cast.: *Tras la virtud*, Barcelona, Crítica, 1987, págs. 116-117).

la ciencia, la cuestión no se plantea. Un gran sinólogo del siglo xx ha escrito lo siguiente:

> Debe darse por supuesto que en China la preocupación por las cosas de utilidad práctica estimuló el pensamiento causal aplicado a la tecnología con la misma fuerza que en Occidente, y que contribuyó tanto o más al bienestar material mientras el país no se vio aventajado en los últimos siglos. Sin embargo, asumir que esto aproximaría a China a la ciencia moderna implica un concepto obsoleto de la ciencia como una actividad que se desarrolla por el continuo avance de la racionalidad. Hoy pensamos en términos del surgimiento de una Revolución científica producida en torno al año 1600 d. C., la del «descubrimiento de cómo descubrir», la de la notablemente súbita comprensión de la idea de lograr una explicación de todos los fenómenos naturales mediante leyes matemáticas comprobables gracias a experimentos controlados [...]. La Revolución científica se presenta como un acontecimiento único y complejo que depende de un buen número de condiciones sociales y de otra índole, entre las que cabe incluir una confluencia de descubrimientos (griegos, indios, chinos, árabes y, apenas en unos pocos casos, romanos) centrados en torno a la combinación de los números y el álgebra indios con la lógica y la geometría griegas. Desde que se produjera esta crucial combinación, ocurrida en virtud de razones de orden principalmente geográfico entre los árabes, y tras pasar después a la cristiandad latina, carece de sentido preguntar por qué no tuvo lugar una Revolución científica en alguna otra parte del mundo.[6]

6. A. C. Graham, *Disputers of the Tao: Philosophical Argument in Ancient China*, La Salle, Illinois, Open Court, 1989, pág. 317.

La aparición de la ciencia no fue inevitable. Hay muchos escenarios históricos verosímiles en los que pudo no haber ocurrido nunca. Sin embargo, una vez acaecida, dicha aparición generó el mundo en el que hoy vivimos. En el fondo, el mundo moderno es un revoltijo de cosas producidas por el acelerado progreso del conocimiento. La difusión de la alfabetización y el crecimiento de las ciudades, la expansión del comercio y la diseminación de la industria, estos factores son subproductos de la expansión del conocimiento científico. Ninguno de estos factores sirve para promover cualquier conjunto singular de valores.

Si la ciencia impulsa a la historia, no lo hace en ninguna dirección concreta, o conforme a ningún propósito. La dominación racial y una mejor educación, el incremento de la longevidad y el genocidio son únicamente algunos de los muy divergentes objetivos a los que la ciencia ha contribuido. La historia muestra que los seres humanos utilizan su creciente conocimiento para alcanzar los objetivos que ya se proponían, por muy conflictivos que puedan ser.

El hecho de que los humanos estén obligados a utilizar la ciencia de este modo es algo que muestra la propia ciencia. Darwin nos enseña que el de «humanidad» no es más que un término abstracto que pone de manifiesto la existencia de una cambiante corriente de genes. Los humanos son una especie animal muy similar a cualquier otra, más destructiva y dotada de mayor capacidad inventiva, sin duda, pero semejante a otros animales en el uso de sus recursos para la supervivencia y la reproducción.

Los darwinistas contemporáneos sostienen inflexiblemente que el descubrimiento de Darwin deja el futuro en las manos de los humanos. Puede que otras especies estén regidas por la selección natural, pero no es ése nuestro caso. Lo que haga la humanidad con el conocimiento científico es «cosa nuestra». Si el darwinismo es cierto, esta afirmación ha de ser falsa. «Nosotros» somos pocos, débiles y animales como los demás.

Tal como sucede con cualquier sector científico, no puede considerarse que la cosmovisión darwinista sea una verdad última. Contrariamente a lo sostenido por los positivistas y sus discípulos de la Escuela de Viena, no hay nada que nos permita afirmar que la ciencia haya de producir necesariamente una cosmovisión única: «La ciencia contiene muchas cosmovisiones diferentes y, sin embargo, todas son cosmovisiones empíricamente aceptables, cada una de las cuales engloba su propio trasfondo metafísico».[7] Desde luego, la ciencia descarta algunas cosmovisiones, como las que exigen la frenología o «ciencia racial» nazi, pero lo que sostiene la idea de que algún día no quedará sobre el terreno más que una única visión de las cosas es sólo una fe metafísica en la uniformidad de la naturaleza.

Con todo, el darwinismo es una de las corrientes más vigorosas de la ciencia contemporánea, y nos enseña que la mente humana evolucionó para lograr el éxito

---

7. Paul Feyerabend, *Conquest of Abundance: A Tale of Abstraction versus the Richness of Being*, Chicago y Londres, University of Chicago Press, 1999, pág. 152 (trad. cast.: *La conquista de la abundancia: la abstracción frente a la riqueza del ser*, Barcelona, Paidós, 2001). Para una explicación de las relaciones del conocimiento teórico y las tradiciones históricas con el desarrollo de la ciencia moderna, véase la obra de Feyerabend, *Farewell to Reason*, Londres y Nueva York, Verso, 1987, cap. 3 (trad. cast.: *Adiós a la razón*, Madrid, Tecnos, 1987).

en la reproducción. No hay cabida en esta teoría para el libre albedrío, una noción que procede de la religión, no de la ciencia. Ciertamente, no nos vemos obligados a procurar la supervivencia y la reproducción en todo lo que hacemos, pero si nos desviáramos demasiado de sus imperativos no dejaríamos descendencia. La ciencia no puede evitar hallarse al servicio de las necesidades reales del animal humano.

Según el mito moderno, la ciencia es un tipo de gnosis, una forma de conocimiento más elevada por medio de la cual la humanidad puede resolver dilemas que a lo largo de su historia se han resistido a cualquier solución. Observada a través de su propia lente, la ciencia es una herramienta ideada por un animal de elevada inventiva para explotar su entorno. No puede descifrar los misterios ni conjurar para siempre la tragedia. Tal como escribiera Wittgenstein: «Cuando todas las *posibles* cuestiones científicas hayan recibido respuesta, nuestros problemas vitales todavía no se [habrán] rozado en lo más mínimo».[8]

El hecho de creer que el progreso científico genera progreso social sugiere que la ciencia y la ética son similares, cuando en realidad son muy diferentes. Una vez que ha sido adquirido y difundido, el conocimiento científico ya no puede perderse. Sin embargo, no hay avance ético o político que no pueda invertirse. En ciencia, la aproximación a la verdad es un bien puro, pero en ética y política no hay bienes puros. La ciencia es una actividad acumulativa. La vida humana, no.

8. L. Wittgenstein, *Tractatus Logico-Philosophicus*, Londres y Nueva York, Routledge, 1974, 6.52, pág. 88 (trad. cast.: *Tractatus logico-philosophicus*, Madrid, Alianza, 1995, pág. 181).

Tal vez existan algunos tipos de sociedad en los que la ciencia no pueda florecer, pero no existe ningún tipo que la ciencia haga progresar. Toda sociedad que posea capacidad de invención es moderna. Pero no todas las sociedades pueden serlo. Esto no significa que sólo una pueda ser moderna.

Muchas sociedades se las han arreglado sin la ciencia durante largos períodos de tiempo. Los aborígenes de Tasmania no se proponían controlar su entorno. En vez de eso, y a través del mito y la magia, trataban de vivir en armonía con él. Siguiendo esta senda, lograron sobrevivir y renovar su cultura durante muchas generaciones. Sin embargo, se encontraron indefensos cuando se vieron confrontados a los colonos europeos, tecnológicamente más avanzados. Su genocidio no es más que una versión extrema del destino que sufren los pueblos cazadores y recolectores en todas partes.[9]

En un mundo predador, los pueblos que carezcan del poder de la invención están condenados al fracaso. Pero no existe un único tipo de sociedad que posea ese poder. La ciencia florece en muchas culturas y regímenes, y lo mismo ocurre con la tecnología. Los regímenes teocráticos y totalitarios resultan inhóspitos para la ciencia, pero esto dista mucho de significar que únicamente prospere en las sociedades liberales.

Para que una sociedad sea auténticamente moderna, ha de tener la capacidad de generar conocimientos nuevos, y no limitarse a utilizar el conocimiento que ha sido adquirido por otros. Algunas sociedades sobrevi-

9. He abordado el destino del pueblo aborigen de Tasmania en *Perros de paja: reflexiones sobre los humanos y otros animales*, págs. 80-83.

ven tomando en préstamo la tecnología, o robándola. Entre los siglos XVIII y XX, la vida de los indios de las praderas norteamericanas estaba basada en herramientas —como las armas de fuego— que no podían ni fabricar ni reparar. Los talibán fueron capaces de utilizar una tecnología avanzada que habían comprado o robado, pero es improbable que hubieran podido llegar a desarrollarla. De haber sobrevivido durante una o más generaciones, la Alemania nazi podría haber retrocedido en la investigación científica por haber empujado al extranjero a muchos de los mejores científicos. Incluso la antigua Unión Soviética debía gran parte de su tecnología a los préstamos obtenidos de otras fuentes.

La creencia de que las sociedades liberales tienen unas condiciones que favorecen de forma única a la ciencia procede de una estrecha perspectiva de la historia. Antes de la Primera Guerra Mundial, la Alemania imperial constituía un logrado ejemplo de modernización autoritaria, y exhibía una impresionante tasa de progreso técnico. Prácticamente lo mismo ocurría en la Rusia zarista. El desmoronamiento de estos regímenes no era inevitable. Fueron víctimas de los azares de la guerra. Lo que los destruyó no fue ninguna afinidad intrínseca entre la ciencia y los valores liberales, sino la nariz de Cleopatra, es decir, el papel del accidente en la historia.

La historia sugiere que la ciencia continuará prosperando aunque se halle muy lejos de los confines de los valores liberales. Como hemos visto, su avance es una consecuencia de las influencias árabes, indias y chinas, entre otras. Si éstas y otras culturas han de constituir polos de progreso científico en el futuro, es probable que dicho avance se produzca en regímenes que deban poco a los modelos occidentales.

Los positivistas creían que las sociedades modernas serían iguales en todas partes. Hoy, la mayoría de la gente cree lo mismo. Lo cierto es que no podemos saber de antemano qué es lo que significa ser moderno. Si la época moderna es simplemente la mezcla de cosas producidas por el acelerado avance científico, las sociedades modernas mostrarán grandes e impredecibles variaciones.

Éste es el verdadero significado de la globalización. En el sentido en el que lo utilizan los políticos, este término hace referencia al mercado libre global que ha venido construyéndose desde el final de la Guerra Fría, pero en realidad no tiene más significado que el de los cada vez más amplios y profundos vínculos que están creándose en todo el mundo mediante las nuevas tecnologías de la información y la comunicación, que anulan o reducen el tiempo y la distancia. Para la mentalidad popular, esto último refuerza lo primero. De hecho, el proceso que está en marcha es el contrario.

Como desarrollo tecnológico, la globalización comenzó con la instalación, llevada a cabo en la segunda mitad del siglo XIX, de los cables telegráficos submarinos que cruzan el Atlántico, y ha continuado a pesar de la Gran Depresión, de dos guerras mundiales y del ascenso y la caída del comunismo.[10] El mercado libre global es un artificio político que no tiene mucho más de doce años. La globalización tecnológica es un proceso inexorable que ninguna decisión política puede detener. Si ambos procesos llegaran a entrar en conflicto, es obvio cuál de los dos saldría victorioso.

10. He examinado los modos en que la globalización tecnológica socava el mercado libre global en *Falso amanecer: los engaños del capitalismo global*.

La globalización genera una desglobalización. Al intensificar la competencia por los recursos naturales y apresurar la propagación de las armas de destrucción masiva, la diseminación de las nuevas tecnologías por todo el mundo magnifica algunos de los más peligrosos conflictos humanos. Los partidarios de la utopía neoliberal esperaban que la globalización sembrara el mundo de repúblicas liberales unidas por la paz y el comercio. La historia está respondiendo con el florecimiento de la guerra, la tiranía y el imperio.

Las sociedades de todo el mundo, que se están haciendo paulatinamente más modernas, *no* por ello se vuelven más semejantes. Con frecuencia se diferencian aún más. En estas circunstancias, debemos pensar de nuevo en cómo podremos lograr que lleguen a coexistir en paz unos regímenes y modos de vida que serán siempre diferentes.

En vez de buscar la respuesta en un futuro ilusorio, haríamos mejor en volvernos hacia el pasado. La tolerancia ya se practicaba hace muchos siglos en la India budista, en el Imperio Otomano, en los reinos moriscos de la España medieval y en China. No hay nada particularmente liberal, occidental o moderno en la coexistencia pacífica de comunidades provistas de distintos valores y creencias.

Sencillamente, no es posible reinventar estos regímenes. Constituyeron artificios para la coexistencia pacífica en unos tiempos en que la mayor parte de la gente no conocía más que un único tipo de vida. Hoy, muchas sociedades albergan un gran número de modos de vida, y hay muchas personas que pertenecen a más de uno de esos modos. A pesar de ello, estos antiguos regímenes de tolerancia nos enseñan una lección vital. Las sociedades liberales no constituyen sino uno de los modos en que los diferentes tipos de vida pueden coexistir juntos.

Según sostiene el mito moderno, con el avance de la ciencia habrá un conjunto de valores que será aceptado en todas partes. ¿No podemos aceptar que los seres humanos tienen valores divergentes y conflictivos y aprender a vivir con este hecho? Teniendo en cuenta que la historia abunda tan notablemente en conflictos y estrategias, es una idea bien extraña que la humanidad esté destinada a no tener más que un único modo de vida.

En el pasado reciente, una gran diversidad de regímenes y de sistemas económicos han sido considerados como algo dado. A lo largo de la mayor parte de la época moderna, pocos políticos en ejercicio se han tomado en serio la idea de que un único régimen pudiera aplicarse a la humanidad entera. Sólo tras la Primera Guerra Mundial, al recaer el control de los gobiernos en la ideología laica, la guerra y la política se convirtieron en misiones para salvar a la humanidad.

Podemos imaginar un futuro en el que cada país tuviera libertad para buscar su propia versión de la modernidad. Si un país deseara limitar sus contactos con el resto del mundo, se le dejaría en paz. Se admitiría que las sociedades que poseyeran historias y valores ampliamente divergentes desarrollaran sistemas económicos cuyo carácter fuera correspondientemente discrepante. Si los países tratasen de establecer sistemas monetarios alternativos, tendrían libertad para hacerlo. Proyectos como el de una banca islámica podrían no resultar por completo factibles, pero difícilmente podrían ser tan poco realistas como los disparatados proyectos que imponen a muchos países el FMI y el Banco Mundial. En un mundo que contiene muchos regímenes y diversos sistemas económicos, las instituciones internacionales tendrán que encargarse de configurar un marco que estipule los términos mínimos para una coexistencia pacífica. Los acuerdos comerciales se establecerán de manera bilateral en términos convenientes para los países (o asociaciones de países) implicados. A menos que pueda demostrarse que un régimen es una amenaza para la paz, no se hará ningún intento encaminado a alterar su forma de gobierno. Incluso los regímenes intolerables serían tolerados mientras no representaran ningún peligro para los demás.

Pese a que podemos imaginar un mundo semejante, resulta difícil concebir nada que se parezca a una vía para alcanzarlo de forma deliberada. La furia de una fe —tanto religiosa como laica— que busca ganar prosélitos impide cualquier evolución pacífica. La normal diversidad entre regímenes volverá a ser una realidad, pero no antes de que el mundo haya padecido una gran agitación.

Sin duda, un mundo más fragmentado sería un mundo más seguro. Y sin embargo seguiría corriendo el riesgo de sufrir una horrorosa violencia. No puede haber tolerancia mientras no se haya dado jaque al terrorismo. Enfrentarse a él es una condición previa para cualquier tipo de existencia civilizada, lo que exige valor, habilidad y en ocasiones una determinación implacable. Con todo, en el nuevo tipo de guerra no convencional que está librándose actualmente no hay perspectivas de victoria.

Dada la escala de los conflictos generados por el acelerado avance de la ciencia, lo que resulta más necesario no es la perpetua elevación rimbombante de las esperanzas laicas, sino la disposición a emprender una acción resuelta, aunque no respaldada por la esperanza de un éxito final. En vez de buscar soluciones para los dilemas creados por el progreso del conocimiento, deberíamos aceptarlos como circunstancias que enmarcan el mundo en el que hemos de vivir.

Los conflictos que hoy destruyen el mundo no habrían sorprendido a los paganos de la Antigüedad clásica. Para ellos, no había ninguna «cadena inquebrantable» que uniera el conocimiento, la virtud y la felicidad. En las obras de Eurípides, el conocimiento no puede deshacer las urdimbres del destino; la virtud no concede protección contra el desastre. Lo más que podemos hacer los humanos es ser valientes e ingeniosos, esperando al mismo tiempo alcanzar escasos logros. Es muy probable que no podamos revivir esta perspectiva pagana de las cosas, pero quizá pueda enseñarnos a limitar nuestras esperanzas.[11]

Los peligros que emanan del crecimiento del conocimiento no son problemas que puedan ser resueltos. Hay males que han de ser evitados día a día. La ciencia no puede librarnos de los conflictos de la ética y la política. La tiranía es mala, pero también lo es la anarquía. El Estado es necesario para poder protegernos de la violencia, pero él mismo se vuelve violento con facilidad. Debemos frenar el terrorismo si queremos tener cualquier género de vida civilizada, pero al hacerlo corremos el riesgo de comprometer la vida que estamos tratando de amparar. Estos conflictos son normales.

11. Para una espléndida defensa de las virtudes paganas en la política y la guerra, véase Robert D. Kaplan, *Warrior Politics: Why Leadership Demands a Pagan Ethos*, Nueva York, Random House, 2002.

En las sociedades occidentales contemporáneas, la religión reprimida reaparece en forma de cultos seculares. Cuando Saint-Simon y Comte fundaron la Religión de la Humanidad, idearon el prototipo de toda religión política ulterior. Las esperanzas escatológicas que animaron a estos sabios intermitentemente cuerdos del siglo XIX dieron forma al «socialismo científico» marxiano y a la «economía de libre mercado» neoliberal. Y estas mismas esperanzas, de forma atenuada y tímida, sostienen hoy a los humanistas liberales. Después de haber sido reprimidas por la conciencia discerniente, las pasiones apocalípticas de la religión han reaparecido como proyectos de emancipación humana universal.

Con sólo recurrir a una pequeña hipérbole podríamos definir la cultura laica en los términos de este ciclo freudiano. Lo característico del pensamiento y la emoción reprimidos es que se hallan confinados y resultan inaccesibles al examen consciente. En parte alguna resulta esto más evidente que en el enfrentamiento de las sociedades occidentales con el islam radical. Los pensadores occidentales señalan acertadamente que el islam nunca ha comprendido la necesidad de un reino secular. Pasan por alto que lo que se toma por creencia laica en Occidente es una mutación de la fe religiosa.

El conflicto entre Al Qaeda y Occidente es una guerra de religión. La idea ilustrada de una civilización universal, idea que Occidente esgrime contra el islam radical, es fruto del cristianismo. El singular híbrido de teocracia y anarquía que defiende Al Qaeda es un subproducto del pensamiento radical occidental. Cada uno de los protagonistas del actual conflicto está siendo impulsado por creencias que le resultan opacas.

La violencia milenarista del islam radical no es el producto de ningún «choque de civilizaciones». Los grandes experimentos del siglo xx en el campo del terror revolucionario no han sido ataques contra Occidente. Expresaban ambiciones que sólo Occidente había albergado.

En los campos de la muerte de la Alemania nazi, así como en los gulags de la Rusia soviética y la China maoísta, se dio muerte a muchos millones de personas, una cifra muy superior a la de cualquier otro siglo anterior. Y sin embargo no es en el número de muertos donde reside lo específicamente moderno, sino en la creencia de que, como consecuencia de esas muertes, habría de nacer un mundo nuevo. En tiempos pasados, la Inquisición torturaba y mataba a gran escala. Sin embargo, no imaginaba que pudiese reorganizar el mundo por medio del terror. Prometía la salvación en el otro mundo, no el paraíso en éste. Por el contrario, en el siglo xx, las matanzas a escala industrial con las que los Estados han diezmado a sus propios ciudadanos se han realizado en la creencia de que los supervivientes habrían de habitar un mundo mejor que cualquier otro que hubiera existido jamás.

Con razón se ha escrito lo siguiente:

> Destruir una ciudad, un Estado, incluso un imperio, es un acto esencialmente finito. Pero intentar la total aniquilación —la liquidación— de una entidad tan omnipresente, pero también tan teórica o ideológicamente definida, como una clase social o una abstracción racial es un acto muy distinto, un acto imposible hasta de concebir para una mente que no haya sido condicionada por los hábitos de pensamiento occidentales. Hay aquí una ambición verdaderamente propia

de un Fausto, la de transformar por medio de la acción física no sólo la Tierra, sino las cualidades de las criaturas que habitan en ella, una ambición relacionada con el moderno afán de derribar montañas, de escapar a los límites de la Tierra, de controlar y reformar la genética humana, de manipular la misma vida, ambiciones todas ellas que, antes de este siglo, constituían la oscura sustancia del mito y la nigromancia. Y sin embargo tales han sido las ambiciones explícitas de los dos movimientos políticos, el comunismo y el fascismo, que han convulsionado los años centrales de nuestro siglo.[12]

Como resulta evidente, la creencia de que el terror puede reorganizar el mundo no es el resultado de ningún tipo de investigación científica. Es una fe, pura y simplemente. Y de forma no menos incontrovertible, esta fe es exclusivamente occidental.

Las sociedades occidentales se encuentran regidas por el mito de que, a medida que el resto del mundo absorba la ciencia y se vuelva moderno, habrá de volverse obligatoriamente laico, ilustrado y pacífico —tal como, contrariamente a toda evidencia, se imaginan a sí mismas—. Con su ataque a las torres gemelas, Al Qaeda destruyó este mito, y pese a todo sigue creyéndose en él. Al Qaeda encuentra su impulso en la creencia de que el mundo puede ser transformado por medio de espectaculares actos de terror. Este mito también se ha visto repetidamente refutado, y sin embargo la creencia persiste.

Los mitos no se rebaten. Simplemente se esfuman a medida que las formas de vida de las que brotan van desapareciendo del mundo. La ciencia enseña que exis-

12. Edmund Stillman y William Pfaff, *op. cit.*, pág. 29.

ten límites, pero entremezcladas con mitos escatológicos alberga ambiciones encendidamente ilimitadas. El resultado es la ilimitada violencia de los tiempos modernos, tiempos que Al Qaeda prolonga. No es la primera vez que se intenta reorganizar el mundo por medio del terror, y no será la última. Tan pronto como Al Qaeda haya desaparecido, otros tipos de terror —con toda probabilidad no animados por el islam radical y, posiblemente, no abiertamente religiosos— la seguirán. El progreso del conocimiento no augura ninguna edad de la razón. Simplemente añade una dislocación más a la humana locura.

En un destello de lucidez, Henri de Saint-Simon lanzó la especulación de que el futuro de la humanidad podría encontrarse en una fusión entre Voltaire y De Maistre. El ejemplar *philosophe* ilustrado y el incomparable reaccionario forman una extraña pareja. La fría lógica unida a la irremediable irracionalidad componen una curiosa perspectiva. Y sin embargo lo que determina el futuro de la especie es la interacción del conocimiento científico en expansión con las inmutables necesidades humanas.

La expectativa humana se halla configurada por las crecientes cifras de población, por la cada vez más acusada competencia por los recursos naturales y por la difusión de las armas de destrucción masiva. Cada una de estas fuerzas es un subproducto del crecimiento del conocimiento científico. Y al entrar en interacción con las históricas enemistades étnicas y religiosas, auguran conflictos tan destructivos como cualquiera de los padecidos en el siglo XX.

Al ampliar el poder humano, la ciencia ha generado la ilusión de que la humanidad puede cargar sobre sus espaldas su propio destino. Surgido como consecuencia de un torrente de invenciones, el mundo moderno cree que ha dejado atrás el pasado. La ciencia, por el contrario, utilizada por los seres humanos para atender sus necesidades e ilusiones, sigue el curso de la historia.

ÍNDICE ANALÍTICO Y DE NOMBRES